輪迴的故事

在前世今生
發現生命流轉的秘密

堪欽慈誠羅珠◎著
堪欽索達吉◎譯

仰賴佛陀所惠賜的，
清淨無垢慧眼，
方能勇敢地眺望，
眼前這深藍無邊的恐怖輪迴大海。

作者於遙望大海時即興所作

作者堪欽慈誠羅珠和譯者堪欽索達吉

作者訪問回憶前世的小孩

目錄

譯序

本書是作者慈誠羅珠堪布熔佛教的戒律、因明、俱舍等佛法內容與現代心理學、生物醫學、生命科學等學科理論與實際發展成果爲一爐，並以發生在世界各地的大量眞實事例爲論據與補充，經過反覆斟酌、仔細權衡、深入思考後創作而成的。通過佛法與科學多方面的比較說明，一方面找到它們的相異之處，一方面又挖掘出二者可互爲印證的地方，並最終從科學與佛法互不相違的角度，論證了前後世存在的合理性與必然性。相信此書的出版必會增上人們對前後世存在之理的信解，並有助於廓清長期以來蒙蔽在眾人心頭的有關前生後世的疑雲。

針對目前的實際狀況而言，很多人因爲從小就接受機械唯物論及庸俗無神論的薰陶、教育，故在不經過任何獨立思考的前提下，輕易就把前生後世的理念與迷信、落後、麻痹人靈魂的道德說教等負面概念結合起來。具體說來，有些人根本就不承認心識的連續、遷流性；有些則半信半疑；還有一些儘管從表面看來也在學佛，但因他們無法從教證、理證兩個方面牢固確立前後世及業因果存在的必然性，故此類人的見解一點也不穩固，隨時就有可能發生搖擺。

正是爲了使這些人能眞正明白事理，作者才將佛法與現代科學原理結合起來，詳細論證了這一問題的來龍去脈。其實佛教理論本足以揭開生死變遷的秘密，但因其闡述的道理非常深奧，而很多人又對它懷抱極大的偏見，故作者才借助科技理論及當今發生在眾多國家的實例，深入淺出地以現代人能接受的口吻、與他們的心性十分相合的例證、語言，有理有據地闡釋了關於前後世的正見。文中不但有佛教的教證、理證，亦有科學及人們的實際生活所提供的道理與說明，想來無有成見者接受起這些論述、論點應不是一件困難的事。

究實說來，佛教徒也罷，非教徒也罷，承認並按照前後世的法則行事，對整個人類社會的生存、發展都具有不可估量的積極作用。如果否認心識的流轉、遷移，人們必將毫無禁忌地為所欲為，這一點正應驗了《涅槃經》中的那句話：「不見後世，無惡不造。」所以懂得前後世的道理，對當代社會的健康發展、現代人群的人格改造，皆具重大意義與現實作用。

環顧茫茫人海，芸芸眾生中明白並遵守前後世及業因果規則的人，可謂少之又少。在經濟狂潮的推動下，金錢至上已成為太多人恪守於心的座右銘。古代的文化傳統與道德觀念日漸退出現代人的生活領域，人們對內心科學的輕視已達到無以復加的地步。而在給別人講經說法的法師或世間老師、教授、學者中，有些只懂佛理，對科學則一竅不通；有些又滿肚子世間學問，對佛法則知之甚少，能把二者完美地結合起來以完成弘法利生之責的人，實屬鳳毛麟角。不過在作者的相關著作中，這二者一直都被他有意地融合著，以科學的態度對待佛教；又用佛法鑒別、觀照科學，這是貫穿於作者一系列佛學著作中的一個明顯特徵。

在本書中，作者運用了許多非常精彩的、能證明前後世客觀存在的發生在世界各國的公案，在品味作者對它們的分析時，大家一定會對不可思議的衆生業力、不可思議的佛法奧義均生起信解。由於他本人一貫喜歡並只說實話，且以令衆人了知前後世、虹身成就等現象之本質爲己任，因此多年以來，他多次排除障礙，不懼艱難險阻地奔赴一些地方，親身採訪、調查了涉及到此類事件的當事人，並獲得了很多第一手的寶貴資料。面對這些查有實據、無懈可擊的事例，不知那些頑固堅持生命斷滅論的人們又該作何感想？

面對這本《輪迴的故事》，眞希望當代以及未來的讀者們都能擦亮慧眼，靜下心來反觀自己和他人在永無止境的輪迴跑道上爭先恐後、盲目漠然地沖向痛苦深淵的情景；更希望大家都能藉著本書出版的因緣，重新審視一下生死名利競賽場的本質，以及被我們無數次踐踏過的人身及生命的本來意義！

我們理當知曉，自身在今生中所感受的一切，其實遠在前世就已埋下它們的根；而如果要了知來生的實際境遇，省察今生的所作所爲即可了然於胸。此中道理恰如《華嚴經》所云：「欲知前世因，今生受者是；欲知後世果，今生作者是。」《無量壽經》中也說道：「人於愛欲中獨生獨死，獨來獨去。」因此我們理應精進行持善業，這樣做才能對今生來世帶來永不會空耗的實際利益。《大智度論》又云：「今世與後世，行法則安穩。」這其中的道理我們也應完全通達。對一個智者來說，即便不懂得外在世間的學問也無甚可遺憾、後悔之處；但若不能掌握自他心識不斷流轉這一基本原理，那就實實在在有負智者之名了。

試圖求取人生最高智慧的人們，不妨從前生後世之理直下深入進去，以此途徑也許能最終打開佛法終極智慧之門。假如人人都能從佛陀教法中汲取最究竟的理智結晶，則此世界當下就可成為淨土，所有眾生都能盡享暫時乃至究竟的快樂幸福！

譯者作於色達喇榮

西元二〇〇二年十一月八日

前言

唯以清淨二智慧，徹見二諦法眞義，
遠離二障諸垢染，圓二利佛前頂禮。
佛語善說甘露藏，有緣眾生增歡喜，
邪見黑暗瀰漫時，遊子旅途之明燈。
恐怖輪迴大海中，生死波濤連天湧，
業風吹逐之眾生，漂泊歷程此宣說。

我們所生活、居住於其中的雪域藏地，在《時輪金剛》中被稱之爲「聖域吐蕃」等；而《毗奈耶經》中則具體描述道：「何爲一家之城？即是深山之城、吐蕃之城、邊地之城。」諸多經續中都一致說道：西藏早在數千年前就已成爲當地民眾護持、安居的神聖國土。其後，從脫脫日國王開始，無等本師釋迦牟尼佛大慈大悲之教法甘露，即得以日漸廣弘於藏土大地。從此之後，西藏這片土地就成爲了具足實力、財富以及佛法的聖土，藏族也因之而成爲一個非常文明、道德發達的民族。延續至今，古往今來的藏地大成就者及智者們，一直致力於將藏族人的內心引向良善及正法的軌道上，也因此而使得藏族在信心、智慧、慈悲等涉及內在功德的諸多品性上，其表現、水準遠遠超越其他民族。

再回顧歷史，過去的三百多年中，世界——特別是西方的科學家，依靠科技力量對整個人類、社會帶來巨大利益的同時，也造成了無法言喻的損害。當前，在二十世紀即將面臨收尾之際，很多人開始對物質文明的單方面發展表示不滿，越來越多的人把反思的目光轉向尋求內心秘密、了達生死內涵等，一系列物質發展無法回答的困擾人心的問題。而當人類對這些問題進行研究時，藏文化解決這些難題的方式、方法以及答案，立即成爲全球學者乃至普通百姓的注目焦點。東西方具備公正心態的許多智者，均開始不斷地對藏文化發出日日增上的讚歎，此中詳情留待下文述說。

當生死意義等人們難以通達之道理日益進入世人的思索領域中時，西方科學工作者及廣大學者皆把他們研究的對境轉向藏族所創造的文明。一九八七年，西方一些科學家與藏族學者曾進行了爲期六天的研討；一九八九年，在美國又召開了兩天的會議；接下來，一九九〇年、一九九一年，以生死文化、物質與心智爲主題的世界性藏文化研討會又接連召開。這些科學家們在經受過藏族文明的初步洗禮後，各個感佩不已，其中參與了九一年於美國麻省理工學院克瑞斯吉大會堂舉行的「心智科學：東方與西方的對談」這一研討會的戴安娜·艾克博士（Diana L.Eck,Ph.D）說的一段話頗具代表性：「我覺得目前我們來到了這交叉路口——外在世界與心智之內在世界的交叉路口。我們西方人非常極端地要去瞭解外在世界。我們發現了所謂的『新世界』——美洲，並且往西海岸陸續發現了更多的新世界。我們也曾登陸月球；我們研究自己生理的外在世界，並瞭解人類的細胞結構。然而，對於心智的內在世界之探索，西方人只能說才剛剛起步而已。」這些討論會並非以一爭各民族文化的長短、高下爲目的，而是本著互相尊重的宗旨開誠佈公地進行廣泛研討，此種學術氣氛的確令人心生歡喜。

儘管藏學熱一直持續升溫，但依然有個別本土人士把藏文化的根基——佛學，當成消極落後、根本無法與新知識、新科技比肩的迷信。其實，持這種觀點才是自己的認識及學識跟不上時代發展、思想既守舊又落伍的標誌，這說明此類人還停留在非常陳舊的思維水準上，他們遠遠未意識到藏文化這一傳家寶甚深的意義與價值。也正是爲了使這些人都能了知自己祖先所創造的燦爛文化及知識體系的眞正價值所在；同時也爲了向世人展示古代祖師所造諸論中提出的觀點，如今都一一得到實證的事實；亦爲幫助現代知識份子瞭解過去及現在的各種學說；也爲了增加人們對東西方觀點及見聞的理解；最後，亦是爲將佛理與科學道理之間的差別等進行對比介紹，爲達到上述這些目的而撰此書。

首先，我們必須承認一個基本前提：即所有人都需要有清淨的世間正見。印度大阿闍黎聖天論師曾經說過：「寧可壞戒律，亦莫壞見解，持戒善趣因，見解得聖果。」此偈再再強調的就是具足清淨見解的極端重要性，否則，一個人的今生來世必將被徹底毀壞掉。而所謂的見解正如龍樹菩薩所說：「世間之正見，何人若具足，此人千世中，不會墮惡趣。」此處所謂的「世間正見」指的就是有關前後世的定解，也即是通俗所謂的「善有善報，惡有惡報。」的因果正見。具有這種正見對所有人來說都非常重要，特別是在當今時代，若不具足此種正見，人們的壽命、財產瞬間就有可能被完全侵奪掉。不僅如此，對個人來說，自己的前途、命運在數十萬生世中都會被徹底毀壞。因此，擁有世間正見對我們而言實在是太爲重要了。

以第一次世界大戰爲例，在長達四年的交戰過程中，總共有三十五個國家和地區的十五億人口捲入了這場血腥屠戮；六千五百餘萬軍人直接參與作戰；而慘死於戰爭中的人數則多達一千餘萬；還有兩千多萬人受傷；經濟損失多達三千四百多億美元……。而在第二次世界大戰中，僅美國在日本廣島、長崎投下的原子彈，頃刻間就使二十多萬人的生命不復存在。再環顧當今世界，能使生命遭到徹底毀滅的殺人武器比起過去威力更爲強大，殺傷力也越發驚人。所有這一切使人們深陷死亡威脅的恐怖事件之所以能夠發生，最主要的原因就在於人們不具備這種世間正見。

如今的人們在見解方面擁有的基本上都是些濁世之見，因而邪知邪見層出不窮、遍滿天下，這也是一種必然現象與規律。法稱論師就這樣說過：「邪見極無邊，一一難破盡。」不過，時下結合科學來說明前後世存在之理的因緣時機也同樣漸趨成熟，用大眾有目共睹的事實進行說明，容易使人群對所宣說的正理生起信心，一些人云亦云之輩在鐵證如山的事實面前，也將無法再強詞奪理、輕易否定或妄加誹謗。而對佛教徒來說，瞭解西方科學家及學者的觀點以及科技常識也很有必要，故而才在此處敘述有關這方面的道理。

第一章　真有前世今生？

否認的觀點

古代有順世外道，他們依據一些似是而非的理由不承認前後世的存在，其實他們的看法純屬以狡詐、無理之行爲單純建立宗派而已。對此展開的駁斥在古今眾多論典中都有所涉及，這裡就不再廣說。而近現代依然有人依據同樣的相似理由，還在頑固地高喊前後世不存在論，因此這裡重點解析這些人的觀點。

比如，英國十七世紀的機械唯物論者霍布士（Hobbes，1588-1679）就認爲：物質、運動才是唯一的終極實在，它們是一切心理、精神活動的終極基礎，作爲精神活動直接基礎的心靈或靈魂，是人頭腦中的一種內在實體。一切心理活動都按機械力學的規律發生，表象是感覺時體內運動的遺跡，高級的推理活動也可看作是一種機械的加減。他因此而認爲人身就如同機械一般，並否認心識從前世到後世的流轉。還有十八世紀法國庸俗唯物主義的開創者卡巴尼斯（Cabanis，1757-1808），他也認爲人的意識、半意識狀態和無意識本能，都是大腦活動的產物，從腦中產生思想，就像從肝臟分泌出膽汁、從唾液腺分泌出唾液一樣。再比如，十九世紀的福格特（Vogt，1817-1895），他則認定精神是人頭腦中一種物質性的活動和機能，是與光、熱、化學運動無本質區別的物質運動形式，其區別僅在於複雜程度，思想是地球上最複雜的物質的一種最高級的運動形式。這些人因爲見到大腦與八識中的個別識，具有能依與所依、能利與所利的關係，因而就生出意識是大腦的產物這一觀點。又比如英國有位名叫約翰·泰勒的科學家，他寫了一部名爲《向超自然挑戰》的小冊子，其中就如是論述道：「根據這個『相關理論』，如果沒有大腦，精神不要說行動，就連存在也是不可能的。不伴隨肉體的精神是不存在的，也就是說不可能有靈魂。」另外，一些持傳統科學觀念的醫學、生物學家也認爲，意識從屬於大腦，是大腦的產物，如果骨肉血脈不存在，見聞覺知亦必定隨之消亡。人一旦死亡心識繼續遷流不斷，無論如何也不可能發生。

上述觀點，在千百年來的佛教論典中早已被破解得體無完膚，所有經論都一致將其判爲低劣的斷滅見觀點，並給予了最徹底、究竟、完整的駁斥。比如《釋量論》中在介紹外道觀點時就說道：「若謂識依身，不成串習也？」大阿闍黎天王慧論師在對之進行解釋時則說：「外道認爲身體與心乃異體，所謂心識只不過是身體之功用，它必得依靠身體而存在，它們之間的關係就像布與布的白色或糖與糖的味道一樣。若說意識是身體所結的果實，那麼意識同樣離不開身體，就好像燈與燈光的關係一樣。還有外道說意識與身體非異體，那還是因爲將心當成與身體一本體，並認爲它乃身體之功用的緣故，依然說明意識要依賴於身體，身體的功用及果就是心識，因之無有獨立的心相續存在，生生世世的連續相續、串習亦無存在的可能。」大阿闍黎贊巴扃褐樂在其所著的《寶鬘論》中也如是宣說外道觀點道：「死後身毀滅，如燈盡光熄，心亦不再有，前後世無故，無積資斷障，累世成佛無，無有佛說法，修法僧眾無，順世外道持，如上之觀點。」此類外道觀點與霍布士等人的看法並無本質、原則性差別。

古來諸大德皆認定，順世外道實爲所有內外諸教派中最低劣的宗派，他們把成立自宗的理由完全奠定在有無親眼看見這一標準上，故才會因未見後世就以此否認後世之來臨。雖說這種判斷並無任何能夠成立的充分理由，但現階段相信、傳揚這種見解的人卻爲數眾多。

無法立足的理由

◎與現實所見不符

所謂與現實所見相違，比如在美國佛吉尼亞州，有一位名叫安德魯的男孩，他從生下來起就沒有大腦。醫生通過觀察後確認他在有生之年中將永遠不會微笑，更可怕的是，他們還斷定安德魯活不過幾個星期就會死掉。不過，這個孩子如今已安然地生存了五年，而且當他看電視節目時還會發出咯咯的笑聲。醫生及專家再次對他進行會診，結果發現安德魯的所謂顱腦只是一個囊腫，支配人的思維、協調肌肉運動的大腦部分根本就未發育形成，顱腔內全是積水，的確可算是一個道道地地的無腦兒。其後，安德魯就被醫療專家們診斷爲「有頭無腦者」。

而在一九八〇年，精神病學家洛博教授也在塞非爾德大學發現了一個沒有大腦的學生。正常人在大腦皮質與腦室之間有四．五釐米厚的腦組織，而此位高材生卻只有一毫米厚的薄層，且顱腔裡幾乎全被腦脊液充滿，並且他的整個腦重只有一百五十克，只相當於常人的十分之一。但他的行爲卻與普通人沒有兩樣，而且他還特別精通數學，曾得過數學競賽優勝獎。

類似這樣的無腦者，目前已發現有數十位之多。因此我們說，沒有大腦就不會存在意識的本體這種觀點，在事實面前自然而然就會暴露出無任何根據的虛假面目。

因此，當我們要建立自己的觀點時，按照無則不生的原則，把握好理由與結論之間的關係，才能正確進行自己所欲進行的推理、立論；否則，一廂情願地只用自己認可的單方面論據就想成立一個論點，由此得到的結論則不一定具有廣泛、眞實的有效性。所以說，那些過去、現在持傳統觀點的科學家們，對生死、身心問題所下的結論可能有些太過武斷，也有點爲時尚早。

在六世達賴喇嘛倉央嘉措的秘傳中，就記載了這麼一件他親身經歷的見聞：

我從拉薩漸漸來到了康區的理塘，原本想在這裡拜拜佛並多待一段時間，沒想到果芒札倉的陀果哈現在也在理塘當堪布，爲避免他認出我來，只在此處待過三天後我就繼續上路了。有一天到一户人家裡歇腳，在他家中我看到了一個無頭之人。向其家人打聽原因，他們告訴我說，此人原先就患有頸項病，後來頭就斷掉了。這種情況已持續了三年，現在他依然活著。面對這個無頭人，我的悲心不可遏制地源源不竭生起，我就一直用悲憫的目光注視著他。不大一會兒，就見他開始用手捶打前胸，我便問他的家人他要幹什麼。有一人回答說此人餓了，要吃東西。這個無頭人儘管已沒有了頭顱，但他脖子上還留有兩根管道，家人就將用瓶子盛裝的糌粑湯順著管道倒下去，那湯已經調好，既不冷也不熱亦不寡味。他們倒一會兒就得停下來等上片刻，因倒進去的湯水會泛起泡沫。過了一會兒，當泡沫消散後就又接著往下灌，就像我們平常倒水那樣。慢慢地，瓶中的糌粑湯就給倒完了。

我當時心想，眾生的業感報應眞是不可思議，由此即對因果正見生起了更爲堅定之信心。佛經中曾經說過，諸菩薩爲圓滿佈施波羅蜜多而獲佛果，曾將自己的頭顱成百上千次地予以佈施；佛經中還說，頭乃身體一切行爲舉止之根本，斷後不可能再復生，人亦不可能再復活。現在對照著眼前這個無頭人，我想佛經中的這種說法可能只是總說概論而已，個別眾生所具體感受的個別業果，實難以衡量、判定，這些特殊現象根本不是我們言談思議的對境。

六世達賴倉央嘉措文中所說的佛經是指《無盡智慧經》等經典。對大持明者倉央嘉措那樣的量士夫而言，完全沒有必要在這裡說妄語，所以我們不得不承認他確實碰到過這種無頭人，此類人的確存在於世。因此大家應明白一個很淺顯的道理，即大千世界無奇不有，千變萬化的眾生形態都有可能存在於我們的生存環境之中。如果自始至終都頑固堅持只有自己眼見的才爲眞實、才感可靠，除此以外的任何現象、事物都不存在，這種人就眞眞切切成了愚癡與孤陋寡聞的典範。

◎與眾多目睹者所見不符

東西方廣大世界之範圍內，不論過去或現在，能回憶起自己前世的人士可謂成千上萬。這其中的大多數事例都極具說服力，完全能證明前後世存在的道理。而且從事此類研究的人員均爲當代的科技界學者、專家；那些能回憶前世的人，則遍佈世界各國，他們來自不同的民族、信仰不同的宗教、文化傳統亦千姿百態。如果說，所有科研者及提供個人資料的人士都在異口同聲地說妄語，他們全都受了迷信的蠱惑，他們的一切結論都屬無稽之談。若有人這樣認爲的話，那我們則可以堅定地說：這些沒有絲毫證據的臆想斷言，要想成立，恐怕才眞的是不可能！

另外，心識已經離開身體，在體外存在並能看見自身的肉體，這類事例在全球也可說是層出不窮。科學家們同樣對之進行過詳細的研究、調查。在這類研究人員中，最初耳聞目睹過此類事件，先是感到驚奇，接下來則深入展開取證研究的一個代表人物即是雷蒙·穆迪博士（Raymond A.Moody,JR.M.D.）。一九七〇年，在對一百五十人作過相關調查後，他寫了一本名爲《一生又一生》的書，內中如是說道：「我並非存心去證明死後尚有來生，我也不認爲這種事的『證據』是立刻可以得到的。」儘管穆迪這樣說了，但他並沒有停止探索的步伐，在剛開始無多大肯定性的基礎上，他又對此問題的研究繼續向縱深方向推進。後來，他對此的見解果然有所增進。一九八八年，他在另一本著作《遠方的光》中就如此論述道：「我相信人死後有『某種東西』繼續存在。」之所以如此肯定，主要原因就在於通過對瀕死時的「離體經驗」的研究，而讓他堅信了這一點。其後，眾多博士、科學工作者、醫學專家開始對穆迪的研究結果進行覆核、驗證，之後，他們一致承認穆迪的見解、結論準確無誤。

艾默利大學的心臟科醫師薩門（M.B.Sabom）起初在看到穆迪的《一生又一生》之後，並不相信其中所說的一切。爲了核實書中觀點的正確與否，他便開始對自己服務醫院中的病人進行測試，結果這一測試最終使他對穆迪的看法深信不疑。他曾搶救過一些心臟病患者，這些人中，有一個病人的心識的確從自身體內跑出來過，他的心識就像被風吹走的羽毛一樣，輕飄飄飛到了天花板的高度，並從這一高度向下俯視：心識看到了醫生正在自己的身體上進行治療；還看到了醫生們正把一個「有柄的圓盤」按在自己的胸膛上，這所謂的「有柄的圓盤」實際上就是心臟復甦手術中經常用到的「輪翼」。而另一個病人則說在自己的瀕死體驗中曾看到過身旁的一部機器（去纖顫機）上金屬指標的移動……，當病人後來又恢復正常時，他們把自己心識的見聞如實講給了薩門，特別是把那些他們平常不可能見到的儀器形狀也準確無誤地說了出來。薩門深覺震驚，他終於開始承認：人們以前只知道依賴生物學家、心理學家的研究成果來解釋周遭世界，但現在看來僅有這些還遠遠不夠。

上面所講到的病人，因其病得非常嚴重，醫生們都看見並以爲這些人暫時已經死過去了。其實，他們只是心識離開肉體而已，後來由於搶救及時等原因，心識又回到身體中來。如今，一些科學工作者認爲：身體即便沒有什麼病痛，但某些人的心識依然可以脫離開肉身，自在無礙地穿越牆壁、山林等障礙物前往別處。有些人的心識在晚間能看到外面的景物；或者跑到別人家裡去，將對方的所作所爲看得一清二楚；更有甚者，有些人的心識竟能飛越高山、跨過大海，遠行到別的國度……此等現象與一些佛教論典中講述的道理非常接近，此中詳情下文還要論述。

在美國加利福尼亞大學任教的心理學專家塔特(C.Tart)，在其研究報告中寫道：有一少女從小時候起一直到現在，其心識每個星期都會飛離身體二到四次。當她從夢中醒來後，常常看到自己的軀殼躺在床上，而心識則在空中巡視。塔特教授於是把少女叫到自己的實驗室進行檢測，他讓女孩睡在一張床上，其上在靠近天花板處又擱置一個架子，架子上再放置一塊能顯示任意五位數字的電鐘。如此測試時，第四天晚上，當少女睡著以後，她的心識眞的飛到床上方去了，並清清楚楚地看見了那五個數字：２５１３２。第二天，塔特教授詢問她的夢中情況，少女回答得完全正確。這個事例是通過實驗、檢視而完成的，因此成爲了國內外學者普遍承認的一個很有說服力的證據。

與之相同，一七七二年逝世的瑞典卓越的科學家阿曼紐·隋登堡也曾親身體驗過瀕死的感覺。隋登堡的前半生對自然科學作出過重大貢獻，他在解剖學、心理學、生理學等領域均多有建樹，曾寫過多部論著，確實稱得上是名聞遐邇；而他的後半生則把工作重心轉移到了向世人廣爲宣講自己的瀕死體驗上。他本人的體會與行之於文字的材料，與現在的人們所感受到的瀕死經歷基本相同。他也認爲：人的所謂斷氣只是心識離開色身而已，並不代表意識的永遠死亡或斷絕。因此，死亡的眞實含義實指心識從一個地方遷移到另外一個地方，或在其他載體上繼續存在下去。

感受過與隋登堡的瀕死體驗相類似狀態的人，或者有關這方面的論述材料，在全世界都可謂數不勝數。據一九九二年的一份統計資料顯示，僅美國一個國家就有一百三十多萬人有過這種在生死的臨界狀態中往返穿梭的經歷；而喬治·蓋洛普更進一步估計說，全美大約有八百萬人經歷過瀕死體驗，因此這種現象、事實，任誰都無法否認、抹殺。但在以這些現象爲基礎試圖推導出與之相關的結論時，卻眾說紛紜、莫衷一是，就像《涅槃經》中描述的那樣：眾盲人摸象，然後各抒己見，結果各人所「見」大相徑庭。

上文提到過的穆迪博士還寫過一部名爲《〈一生又一生〉之回響》的著作，書中廣爲駁斥了不承認前後世存在的各種學說，其論證可說是筆鋒犀利，頗能擊中要害。有關世人回憶前世及經歷瀕死狀態的情況，在第二章時還會展開詳細論述。

◎與新科學理論不符

如果在當今還固守以前舊科學的一些過時說法不放，那只能說明這些人的見識實在太過狹窄。時下，有些人還在依據狹隘、機械的唯物論所提供的相似理由，不公正地否認前後世的存在，但此種觀點早已與新科技的理論基礎完全相違。其實早在一九六三年，當年的諾貝爾醫學獎得主、英國著名醫學家約翰．艾克理爵士（Sir John Eccles）就在他的獲獎論文中說過：「聯繫神經細胞並存在於它們中間的那些無顏色、無形狀的東西就是意識。」他還說道：「在人的身體內確實有非物質的心識、意識，或者叫做心力的自我這種東西隱藏著，在胚胎時期或極年幼時，這種『自我』就進入到人體內的大腦之中。它能操縱大腦的一切功用，就像人腦掌控電腦一樣。人所擁有的這種無色、非物質的意識，可以指揮、控制屬於血肉之軀的大腦，它能讓大腦中的相關神經細胞在它指令下從事具體工作。這樣的非物質形態的『自我』或心識，在大腦死亡之後依然存在，並仍擁有生命活動的形態，而且可以永生不滅。」

英國牛津大學的著名生理學家查理士．謝靈頓爵士（Sir Charles Sherrington）也說過：「在人的血肉軀體中有一非物質的『自我』存在，它能控制人的大小腦。」而加拿大頗具影響力的神經生物學家潘菲特博士（Dr.Wilder Graves Pemfield）則說：「人並非僅有骨骼血肉之身軀，除此之外，一定存在有一種非物質的心識。」任教於美國加州工學院的神經生物學家羅傑．史柏理博士（Dr.Roger Sperry），在詳細分析了人腦的兩半邊功能後也開始立說，並於一九八一年獲得了諾貝爾醫學發明獎。他也這樣認爲：「人們所謂的『自我』實際上是超越物質並且非常嶄新、重要的一種非物質，它只出現於複雜分層結構組織的肉體大腦中，並實際控制大腦每一部分的活動。」又比如英國基勒學院的唐納德．麥楷博士（Dr.Donald Mackay）也如是論述道：「心識的這種『自我』特性可以統治大腦，當腦死亡發生之後，心識還將持續存在。」而蜚聲全球的著名數學家約翰．馮．紐曼博士（Dr.John Von Neu-mann）同樣直接闡釋道：「人的非物質的『自我』應該存在，它可以控制大腦，並能遙控物質。」談到馮．紐曼博士，很多科學界人士都公認他乃當今時代最聰明的人之一，曾經獲得過諾貝爾物理學獎的漢斯．貝德（Hans Bethe）就這麼評價過他：「我有時心想，像約翰．馮．紐曼那麼聰慧的頭腦，很有可能是在暗示我們：這世上是否還有一種比我們人類更超越的種族？」而榮獲一九六三年諾貝爾物理學獎的尤金．威格納博士（Dr.Eugeme Wignor）曾這樣說過：「紐曼是當今世界最偉大的科學家之一。」在評論紐曼的觀點時他又如是說道：「紐曼認爲人除了身體以外還存在有獨立的意識，且此種意識還能生出萬法，這種看法是非常值得我們讚歎的。」

同樣，獲諾貝爾獎者、著名腦科學家艾克爾斯教授在經過多年潛心研究之後，最終得出結論說：「精神或自我意識精神像物理世界一樣，也是獨立存在的實體。雖然居住於大腦中，有其依賴大腦的一面，但本質上並不具備物質性，實是一種有實體結構的東西。」他還認爲人死後意識亦隨之斷滅的觀點，無有任何能成立之理由。這位大腦研究人員與著名哲學家**K**·波普先生還合著了一本論著《自我及其大腦》，書中如是闡述道：「主觀精神世界是在進化的特殊階段，由物理世界中產生出來的，其與物理世界一樣，是一個實在的世界，不能看作是物質現象的副現象，也不能還原爲物質現象。」而現代最有影響的心理學家榮格則在其所著的《尋找靈魂的現代人》中這樣說道：「與腦的關係不能證明心靈乃是副現象——因果地依賴生物化學歷程的次等功能……。腦之結構與心理學，對於心靈歷程未提供任何解釋。心靈有不可化爲其他事物的獨特性質。」

被譽爲近現代「發明之王」的大發明家愛迪生也認爲，生命不滅，精神永存，他相信人死後可以再生。他曾經說過：「我相信生命有如物質，是不能毀滅的。世界上一直有定量的生命存在，而這個量是永遠不變的。」另一位西方智者密德在其所著的《死亡研究》一書中，則表明了如下觀點：「心不僅能離開大腦而自立，更能使用大腦、現出種種功用。」弗拉曼寧（Flammarion）也在《死亡及其奧秘》中揭示道：「心靈自有它的靈智，而且心靈是整體的，獨立的，所以也是不滅的。」德國著名哲學家叔本華則認爲：「死爲物質生命的最後，而不是自己存在的最後。」

上文所列舉之觀點，皆是被世人公認的智慧超常之科學家、學者，借助先進理論、思想、科學儀器認眞觀察、思考後得出的結論。他們一致認爲所謂意識從屬於大腦的說法，無論如何都站不住腳。因此這些人才沒有跟隨此種說法而輕易交出自己的思考權，他們另闢蹊徑、殊途同歸地建立起嶄新的觀點。這就好比以前的科學家都非常推崇牛頓，而當愛因斯坦的相對論出現以後，人們又進而擁護起這種更爲先進、合理、深刻的學說，死守牛頓觀點的人自然而然就日漸稀少。科學發展史上，這種一代更比一代強的事例，確乃無法勝數。同樣，現在依然固守意識是大腦的產物這種看法的人，就像滅盡之灰燼，再無燃起沖天大火之可能，他們的思想也如日薄西山，江河日下了。

美國哥倫比亞大學教授洛佩．杜魯門說：「現代心理學的發展已走到了盡頭，只得躑躅不前、猶疑逡巡。」他的這種分析，確實可謂一針見血。

總之，有些人打著所謂新科學的招牌，在不懂科學原理的人面前，以所謂科技權威的口吻向他們宣說科學「證明」前後世不存在的道理。如果對之進行詳細觀察，我們就會發現，眞正的新科學從未證明過前後世不存在的說法。一般而言，科學的創新之源大多來自西方國家，如今具有正知正見的西方科技界人士到底都是如何看待這一問題的，這是大家首先應該徹底、深入瞭解的。我們只有隨順由理性推導而出的眞理，才能具有莊嚴的智者形象；一味固執己見的行爲，不論給他披上多麼賞心悅目的外衣，也掩蓋不了其本質上的貧乏與了無實義。

◎舊有的心識科學說法不完整

以大腦、意識之間存在所謂的能依、所依的關係為理由，從而認為心識皆從大腦中產生，這種觀點得以成立的根據從根本上來說就是不完整的。

此部分之內容又可分成四點：

無腦不等於無意識

如果人的伺察意識產生於大腦的運動過程之中，那麼沒有大腦的人就決定不會有伺察意識的產生。因大腦若不存在，大腦的運動又從何而來？若真是這樣的話，則所有無腦者都應成為無有意識活動的人，但事實卻並非如此。從上文所舉事例來看，某些無腦之人依然能夠進行種種意識活動，他們都具有相當的聰明才智。

心識不需依賴大腦存在

一個人的心相續中，個別心識有可能是依大腦產生的，但若就此認為所有心識皆是大腦的產物，這種觀點則明顯與事實相違。比如，肉體死亡之後有中陰意識存在；有些人的心識則可以脫離肉體飛升，而他的血肉之軀還留在原處，大腦並未隨著心識一起離開。此時，能觀察的心識（離開肉體之後）反倒比以前更爲敏感、聰慧。因此，心識有時候根本不需要依賴大腦就可以存在，這種認識現已在全世界被普遍接受。

粗意識和阿賴耶識的分別

一個人的眼睛如果出了致命的問題，眼識即會隨之滅盡。同樣，對大腦的損害也會使相應的一些心識發生某種程度的變異，這是因爲大腦對粗大的意識起了助緣的作用，才導致了相應變化的發生。但像阿賴耶識那樣細微、穩固的意識，即便對大腦施以損害或利益，我們都舉不出也找不到，它亦會隨之而發生相應變化的理由與證據。上述道理以喻明之，就像鍋中的一粒米熟了並不能代表一鍋米全熟了一樣，因此而稱這些以偏概全的論證爲理由不完整的相似說法。

因果不成立

僅僅依靠大腦和個別心識之間存在某些聯繫這一理由，就認爲所有心識都要依賴大腦才能得以產生，這種認爲以前沒有心識，現在才依大腦而產生的觀點肯定不能成立。我們都應懂得因果規律，首先要瞭解的一點便是，所謂的果是從因緣當中產生的，果絕對不可能存在於因緣之前，否則我們根本就不可能知道果到底是從何而來。而意識不可能存在於大腦之前的理由並不存在，無論我們如何尋找也找不到這種論點的立足點。一般而言，眼根等物質是無法執著別人的意識的，當心識離開肉體後，心識完全可以看見別人，但別人卻看不見自己。因此只抓住大腦和意識之間的某些片面關聯，然後就依照這樣的並非準確、可信的理由，判定獨立自主之意識及前後世都不可能存在，這實實在在是一個很大的誤解；而不經過自己的觀察就隨隨便便跟著別人的說法跑，這才是極其愚癡的迷信行爲。誠如法稱論師所言：「隨順此宗者，心爲癡暗蔽。」

像這樣的一些守舊的科學工作者們認爲前後世並不存在，此種說法有與新科學理論相違、論據及論證不完整等諸多過失，他們依據的也全都是一些相似理由。在當今這個科技昌明的時代，世人不僅無法找到前生後世不存在的任何確切證據；反之，越來越多的人依靠推理及正確道理開始對前後世生起合理之懷疑，死守生死斷滅觀的人們，日益被發現其理論的缺乏可靠依據之處。

美國佛吉尼亞大學教授史蒂文生（Ian Stevenson,M.D.）經過長期觀察後得出結論說：「我們絕對無法證明沒有轉世這回事」、「這些案例只是顯示很多跡象，而且在質量和數量上似乎越來越多，讓人想到也許有轉世這種可能而已。」臺灣的陳勝英先生也說：「現今，僅僅依靠已有的科技力量，根本無法阻止生命終結之後心識的延續存在。」臺灣的王溢嘉先生對前後世是否眞實存在儘管抱有很大的疑惑，但他也不得不如此承認道：「除非能對這些現象（指心識脫離開肉體而存在）提出合理的解釋，否則我們似乎無法排除靈魂存在的可能。」所以說，通過推理，前後世持續延續的觀點應能被大眾普遍接受。

再者說來，普通科學的研究對境是外在世界的物質天地，心的奧秘、前後世的眞實景觀並非傳統科學的研究領地，因任何現代化的科技儀器都無法窺探、衡量心靈世界的風景。但守舊、保守的科學研究人員卻依據上文列舉的一些不準確的理由，用了科學的名義在全球大肆宣揚前後世並不存在的理論，以致眾多智慧低下的跟隨者競相沈迷於其中。我個人認爲：他們的這種行爲完全是對整個人類的未來、前途，毫不負責、漠不關心的一種做法。另外我想說，眞正的迷信是指在任何一個領域內，由於本身的迷惑而陷於盲從的境地，那麼對於那些所謂科技界「權威」的說法，當它們沒有任何清淨的正理得以支援自身的成立，而我們還要不經觀察就盲目相信時，這就表明我們確確實實已陷入迷信的泥淖中了。

第二章　從今生看到的前世

心識的產生

首先論述心識產生的過程及眞相。

在此世界範圍內，一切細微眾生以上的生命形態，都擁有我們通常所謂的「心」。在心的力量未充分發展、強大、增上、圓滿之前，它連細微的苦樂感受都一概接納，此種心我們就稱之爲渺小之心；當心力日漸強大，已能控制身心內外的一切物質時，此種心就名之爲勇武之心；心還經常隱藏在秘密之處，此時它就成爲了從暗處操縱言行舉止的主犯；另外，從古到今，成千上萬的尋伺者相繼被迷惑的原因，就在於心成爲了狡詐者；如果善加利用，心又會成爲一切功德的所依，此時它則如如意寶藏一般，可源源不斷地生出功德利益。

東方世界之中，千百年來，無等大師大慈大悲的釋迦牟尼佛、色迦仙人、印度瑜伽士、藏地之虹身成就者以及漢地的禪宗祖師等人，諸如此類的聖者各自都以自己的方式、方法開啓了心識奧秘之門。在他們當中，有些已圓滿了自他二利，獲得了最究竟的果位；有些則現出了世間的各種功德；還有一些則獲得了治病救人的能力……。總之，各人的收益都不盡相同。不過，依然有許多人對這種心識到底存在與否滿懷疑惑。儘管同處一個藍天之下，都屬於「人類」這個大的物種範疇，但先進思想與落後認識之間，卻存在著涇渭分明的巨大差異，這眞是令人倍感遺憾。

如果有人要問：這樣的心識是從何而來，又去向何方？對此，不論智者還是愚者，在千年、萬年甚至十萬年之中，都試圖予以解答。面對這一共同難題，不同的人分別作出了不同的回答，但在這些千姿百態的答案中，能夠眞正站住腳的可靠結論，數量卻是微乎其微的。如果在這裡以密宗續部的理論分析心的奧秘，這一問題即可被闡述得異常清晰、明瞭、細緻，人們亦容易對之生起信解。但考慮到此時此處，宣說甚深密法的機緣尚不成熟，故只能暫時收起這一打算，只以顯宗的說法來解釋心的本質。

按共同說法而言，所謂的心無有開始、終結之邊際。因爲從無始以來，心識始終處在連續不斷的遷流之中，故而我們也一直在輪迴大海中，隨著生、老、病、死的洶湧波濤而頭出頭沒。所有眾生都逐漸從青春年少一步步走向衰老，最終則通過死亡而再生於來世；新的生命體又開始新的一輪成長、壯大、衰朽、死亡的過程，如此往復，循環不已。一切眾生就像是在參加比賽一樣，爭先恐後地投入到從今生到來世的運轉之中，其間，沒有一個眾生的心識在這一過程中消失過。正如《百論》所云：「輪迴此苦海，恆時無有盡，凡愚陷其中，何不生畏懼？韶華逝去矣，復又現於前，此世已過盡，來生競相現。」此中所講的道理，我們理應了知。

前世今生的可信度

◎回憶前世的實例

從人轉生為人

有那麼多能回憶前世的人可以爲前後世的存在作證，這就是應該對之生起信解的充分理由。清辨論師在《智燃論釋》中說道：「由何知曉有宿世之心識？以回憶前世等理由知。」又云：「世間之人有些可回憶前世，甚至能回憶多生之前之宿世。」與他描述的現象相同，從古到今，都不乏眾多能回憶前世之人，這些人可將前世所擁有的財富、親人以及自己的所作所爲，甚或最細微的生活細節都巨細靡遺地憶念清楚。至於他們回憶起來的具體內容，經過如今的科學工作者們的認眞觀察、檢驗後，基本上都得到了確證。

比如美國維吉尼亞大學教授史蒂文生，就對此問題作過長時間之研究。他對能憶念前世的兩千餘人進行了調查，然後從中選擇了極富說服力的二十個案例撰著了《二十個暗示轉世的個案》一書；美國臨床心理學家海倫·萬巴赫（H.Wambach）也曾搜集過類似的一千餘個事例。

西方科學界人士在對此問題作過再三調查、反覆研究以後，紛紛撰著了有關前後世的大量論著。這些著作如今已廣泛弘傳於全球，很多人的眼界因此而得以大開。現在，能回憶前世的人在東西方均不斷湧現，以前從未有過前後世概念的那些身處偏遠之地的現代人，也開始熟悉並親身經歷回憶前世的體驗。這麼多人能回憶起前世的唯一原因，只能歸因於他們本人確實從前世流轉到了今生，這是對此問題可作的唯一解釋，捨此再無其他能站得住腳的理由。因此，在能回憶前世的人越來越多、能證明前後世客觀存在的證據越來越充分的當前，關於前後世決定存在的理論，自然而然就能成立並深入人心，因爲我們實在是找不到可以駁斥此種論點的根據，而它卻能爲自己隨手就拉來一大堆無可懷疑、無可辯駁的材料與論據。

華丹姆的故事

若追溯歷史，我們就會發現，其實早在無等大師釋迦牟尼佛住世期間，就出現過許多這種能回憶前世的人與事例。比如有一位名叫格協的長者，他於死後轉生在一名爲當堅的施主家中，從此成爲了這戶人家的女兒。而當這個小女孩在見到阿難尊者時，居然毫不費力就認出了他。此中詳情《毗奈耶經》中如是描述道：「一時，格協已年長力衰、垂垂老矣、大限將至。當其死時，以昔日承侍僧眾之功德善根，而轉生於施主當堅之妻子腹中。因其曾發願來生欲作夏瓦國王之王后，故此次即得以轉爲女身。當其降生之時，種種吉瑞徵兆紛然呈現，父母後便爲之取名曰「華丹姆」（具德姆）。華丹姆開口能言時，一日，適逢阿難前來城中托缽乞食。華丹姆才見阿難，立刻上前頂禮，且向其請問世尊及某長老近來身體安好否。阿難口中答以『安好』，心下卻倍感詫異，當堅及家人亦深覺稀有。阿難後將此事如實向世尊稟告，世尊問曰：『汝與之相識否？』阿難答言：『素未謀面。』世尊告之曰：『此乃格協轉世再來。』」後來，華丹姆以前世願力成熟，而如願成爲夏瓦國王之王后。當舍利子其後於晚間爲她傳法時，華丹姆當下即獲得見道果位。佛陀也因此而特殊開許了若有當時成就的必要，比丘晚上可以向女眾單獨傳法。

當前，世界各地都出現了眾多回憶前世之事例，以下擇其典型者簡要呈現。

香蒂．黛薇的故事

一九二六年十月十二日，一個名爲香蒂．黛薇（Shanti Devi）的小女孩降生在印度的德里市。關於這個女孩的名字，不同國家的媒體在報導時都有不同的翻譯方法，不過，一般都以此處Shanti Devi的稱呼爲準。黛薇從小時候起就知道自己的前世，她總說自己前世是姆特拉城——一個離德里一百多公里的城市中的人。除此之外，她還經常向人們訴說自己的一些前世經歷與見聞。她曾經對自己的叔祖父說過，自己前世的丈夫是個賣布的，並且還把此人的詳細住處也一一道了出來。叔祖父後把此情況告訴了一位退休在家的校長勒那，勒那聽後便親自前來調查、詢問，並從黛薇口中得到了她前世丈夫的住址。他立刻去函打探，在信中他問黛薇自認的前世丈夫：你是否娶有這樣的一位妻子？此人不久即回信答覆說：黛薇所說的一切全部屬實。接下來，前世丈夫讓自己的堂兄先行趕赴德里瞭解情況，請他務必將此事調查清楚。當堂兄一進黛薇家門，她馬上就認出了此人，儘管兩人在現世從未見過面。堂兄問了黛薇許多前世的事情，她全都準確無誤地回答了出來，自此後他即對黛薇的身分深信不疑。

隨後，黛薇前世之丈夫帶著他現在的妻子以及黛薇前世所生的一個十歲的兒子，眾人一起趕到德里看望她。當黛薇見到前世丈夫時，一眼就認出了他。丈夫再次以前世的生活細節詢問黛薇，她則一一作了完整、準確的回答。在事實面前，前世丈夫不得不承認眼前的這個女子就是自己以前的妻子。印度政府後來還專門成立了一個調查機構深入查證此事，他們把小女孩帶到姆特拉進行觀察，結果在一連串嚴格的取證、核實之後，所有調查人員都對此生起了信解，這件事也逐漸傳遍了全世界。

又過了許多年，印度大學教授周祥光先生發表了一篇文章，文中這樣記敘了他與香蒂・黛薇會面的經歷：「去年春天的一個早晨，當我和梵須那婆大學的創辦人伯恩尊者（Swami BH.Bon Maharaj）一起喝茶時碰到了一位落落大方的印度女人。一打聽才知道，她原來就是二十年前轟動德里的『前世事件』的女主角——香蒂・黛薇。如今的她已經三十五歲了，從印度旁遮普大學研究院畢業後，她即在德里大學女子文理學院擔任哲學講師。因她已接受了瑞士輪迴轉生學會的邀請，將遠赴瑞士講學演講，故特意趕來訪晤伯恩先生並順道辭行。我於是問她：『你現在還能回憶前世之事嗎？』她則回答道：『可以倒是可以，但現在已不如兒時那般清晰。再回憶時，整個情境就像是銀幕上的影像，一會兒就消失不見。另外，我如今的生活和以前相比有很大不同，所以我也不願過多回憶前塵往事，否則會給自他帶來很多麻煩……。』」

絲萬娜塔的故事

另一位印度女性絲萬娜塔也是一個能回憶前生往事之人。她於一九四八年出生在印度的潘拉市，三歲時就經常對哥哥、姐姐講述自己的前世。據她自己說，她前世是卡特尼人，名叫畢亞，後與一名爲司里的男人結婚……諸如此類，不一而足。三歲半時，父親米西拉帶她外出旅遊，恰好途經卡特尼。當時她突然要求司機說：「我要到我前世的家中去，這裡有條路可以直接通過去。」司機當然不會採納她的建議。當一行人其後停下來喝茶時，絲萬娜塔又說：「在我前世的家附近有比這好喝得多的茶。」

一晃又是兩年過去了，絲萬娜塔越來越喜歡唱歌跳舞，她自己向眾人解釋說這是自己前世學來的。當她長到十歲時，全家遷移到奇哈塔普生活、居住，在那兒，絲萬娜塔碰到了一位來自卡特尼的女人絲利麥提。剛一見面，她馬上就認出了絲利麥提，並說自己前世就認識她。女人聽罷驚奇萬分，她後來對米西拉說：「你女兒對我說的有關卡特尼的情況全都準確無誤。」父親以前只是對女兒所說的事情起過懷疑，但卻從未重視過。聽完絲利麥提的話，他才開始認眞對待起女兒的所說所爲，並將女兒的話語全都記錄了下來。

一九五五年春天，印度拉加斯薩大學專門研究特異現象的著名超心理學家班勒吉（H.Ban-nerjee），專程前往絲萬娜塔家調查此事。他先向絲萬娜塔詳細詢問了她前生的一些情況，然後又趕往卡特尼小女孩所謂的前世之家——帕薩克家族進行核查。經瞭解後得知，帕薩克家族以前確實有一個名叫畢亞的女人，此女人後與梅哈地方的司里結婚成家，一九三九年才去世。班勒吉把小女孩所講的前世情況與帕薩克家的人所說的事實一一核對，結果發現它們竟頗多吻合之處。特別是絲萬娜塔講述的涉及到前生住家特徵的九點細節，也被班勒吉驗明與事實眞相無有二致。班勒吉後又用一些虛假的材料試圖混淆絲萬娜塔的記憶，使她不能輕鬆跨越自己設置的前世考驗關，但小女孩則把所有謊言全部識破，還把自己前世熟知的二十餘人的名字說了出來。班勒吉的一切檢驗、考察最後都證實：絲萬娜塔關於前世的回憶，沒有一絲一毫不符合事實的本來面目。

此事後來就逐漸傳揚了開來，帕薩克家族與司里的家人對此也有所耳聞，兩家人遂於當年夏天聯袂奔赴奇哈塔普看望絲萬娜塔。女孩一見他們，沒等任何人上前介紹，自己馬上就把這些前世的親人一個不差地全都認了出來。不僅如此，她還把自己是畢亞時與這些人之間的親緣關係全部點出，又把他們當時的所作所爲如數家珍般地和盤托出，甚至以前做畢亞時前牙上鑲金牙的經歷，她都能敘述得栩栩如生。眾親友異口同聲地感歎道：「這個女孩所說的事情，只有過去的畢亞和她親人才知曉，除此以外，任何外人都無從探知，而她卻能說得分毫不差。」於是，眾人都對絲萬娜塔確屬畢亞再生這一點深信不疑。再往後，絲萬娜塔又跟隨家人前往卡特尼以及梅哈探訪自己前世生活過的地方。當她來到梅哈時，一下就認出了很多前世結交過的朋友，並對眾多以前曾玩耍、嬉戲、居住過的地方印象頗深。她注意到了自己死後人、事、物的變遷，從而開始對輪迴生起厭離之意。此次前世家鄉之行，使絲萬娜塔在面對卡特尼以及梅哈的人物變遷時，不由自主地就發出了一聲長歎。

從此以後，她就經常看望以前的畢亞所結識的親朋好友、兄弟姊妹，每次她都會以誠摯的悲心關懷、愛撫他們。此事之後被美國的史蒂文生博士聽聞，他隨即於一九六一年專門前往印度調查此事，結果最終確證了絲萬娜塔所說話語的眞實性。此一結論與數年前班勒吉獨立調查所得之結果，誠可謂不謀而合。

阿比的故事

另有一可靠資料：一九五六年一月間，在土耳其的亞達那地方，有一個名叫阿比的人在馬廄中被幾個果園園工殘酷地砸碎了腦袋後死了。妻子和兩個兒子在聽到他臨死前的慘叫後，急忙趕往馬廄打探，結果也被兇手殘忍殺害。一星期之後，兇手即被抓獲，而阿比的前妻夏蒂絲（因不能生育而與阿比離婚）則與被殺害的妻子和阿比所生的另一個女兒希克瑪特・葛露莎琳、兒子撒基，從此相依爲命地生活在一起。

不久，當地一個名為梅菲默特的人便擁有了一個兒子，其後為其取名叫伊士邁。伊士邁長到一歲半時，有天和父親躺在床上，他突然對父親說：「我不願待在這個家中，我要去自己家裡和自己的孩子們住在一起。」父親聽後極為震驚，他糾正小孩的說法道：「這裡才是你的家。」但孩子卻堅持說：「我前世的名字叫阿比，我是被別人殺死的。五十歲那年，有人打碎了我的腦袋殺害了我。」梅菲默特急忙將兒子的話告訴妻子乃媲哈，乃媲哈滿心疑惑地說：「伊士邁生下來時頭上確實有一塊黑疤，難道這個就是他所說事情的證據？」不過，因夫妻二人原本就不承認信奉前後世的宗教，故暫時來說，他倆既不相信兒子所說的話，也不願別人知道這件事。但伊士邁卻再三請求父母道：「我要到我孩子那裡去。」父親認為兒子的精神可能出了問題，便命令他不得如此胡言亂語。不過當梅菲默特再喊伊士邁時，孩子卻不予應答；可是叫他阿比時，他卻高興地馬上就回應。有時在伊士邁晚上睡著後，夢中他都在叫女兒的名字：「葛露莎琳，不要哭。」簡直就像是一個父親在安慰自己的女兒。

某次，梅菲默特買了一些西瓜，結果伊士邁發現後就拿走了一個個頭最大的。父親很奇怪地問他何以如此，孩子口氣堅定地回答說：「這個西瓜我要送給我的女兒吃，誰也別想碰它。」父親自然不允許他這麼做，因伊士邁有九個兄弟，誰料他竟為此痛哭了起來。因前世習氣所感，小小伊士邁竟也酷愛喝酒，他常常偷出父母的酒悄悄喝下。他的伯父馬哈默特有次發現他在偷酒後，非常不高興，但他卻振振有詞地對伯父說：「不要如此責怪我！當初你在我的果園裡幹活時，也曾偷喝過我的酒，但我卻未曾懲罰過你。難道你現在想恩將仇報嗎？太沒良心了，你這樣做與忘恩負義的畜生又有什麼兩樣?!」

伊士邁的父親是個賣肉的，有天當他切肉時，伊士邁又開腔說道：「等肉烤好後，我要把它拿到我的孩子那兒去。」父親此回則略帶惱怒地教訓他說：「別說夢話了！記著，你是賣肉的梅菲默特的兒子，根本不是什麼阿比！從今往後，再要這麼胡說八道，我絕不會饒恕你！」聽了父親的話，伊士邁竟難過地哭了好幾個小時。

有一天，伊士邁碰到了一個賣霜淇淋的，儘管兩人從未見過面，但伊士邁卻對那人說：「賣霜淇淋的，你還認識我嗎？」那人詫異答道：「不認識。」「你忘了，我叫阿比。你以前是賣西瓜蔬菜的，什麼時候改賣霜淇淋了？還記得嗎，你小時候，還是我替你割禮的。」當伊士邁把這些陳年往事一股腦地都向此人倒出來後，賣霜淇淋的不得不承認眼前這個人所說的一切。從此之後，伊士邁能回憶前生經歷的事情就到處傳開了，他父母想把此事隱瞞下來的願望也不得不破滅。

伊士邁三歲時，父母終於答應帶他一起去阿比家看看。阿比家距離此處約一公里以上，但道路卻非常難走，都是些小巷弄。伊士邁雖說從未走過這條路，但他對路況卻十分熟悉，還給父母帶路。父母有時故意繞個彎子，但他卻不會上當跟隨，一直堅持按正確方向把他們帶到自己前世的家中。

剛進家門，迎面就碰到一個中年婦人，結果小伊士邁一邊上前擁抱她，一邊就呼喚她的名字：「夏蒂絲！」見到前世的孩子後，他更是以無限的愛意安撫、親近他們。接下來，伊士邁又主動把親人帶到馬廄中，並指給他們說：「我就是在這裡被兇手拉洛桑殺害的。」然後他又帶著眾人前往埋葬阿比的地方。阿比的墳地本來並沒有什麼特殊標誌，但這一切對伊士邁來說都構不成任何困難，他很快就把大家帶到了自己的墳墓邊，並指著墓堆告訴他們說：「這裡就是我前世的最後歸宿。」

當年的阿比曾與一些人有過借貸關係，這些事只有他和當事人才知曉，外人根本不知道他們之間曾經有過的金錢往來。而今的伊士邁卻把這些借貸的賬目、數量以及年限記得一清二楚，並不差分毫地將之統統報了上來。不僅如此，他還能說出在自己前世所管轄的果園中工作過的那些人的姓名、原籍，若核諸事實，則每一個都正確無誤。這下，伊士邁當然就獲得了人們的信任，眾人一致承認他就是阿比轉世再生，這個消息從此就傳開了。

阿比的兒子撒基以前從未見過伊士邁，這次當兩人相見時，伊士邁很傷感地對他說：「撒基，你原本有兩個弟弟，一個叫伊士馬特，一個叫祖英富，可惜他倆還有前世的我以及你母親一起都被兇手殺害了。」

當此事在全世界逐漸傳揚開後，一九六二年，也就是在伊士邁剛滿六歲時，我們上文曾提到過的印度拉加斯薩大學的超心理學專家班勒吉，專程趕赴亞達那對此事展開調查，並最終確證了此一事件的真實性。當班勒吉見到伊士邁時，他只能以「阿比」的稱呼招呼他，因若叫他「伊士邁」，他根本就不會開口應答、講話。

伊士邁的家境並不富裕，甚至稱得上是貧寒，因此不可能經常得到好吃的東西。但每當父母把一些平常難得一飽口福的好東西，諸如從未品嘗過的糖果等物留給伊士邁時，他卻總要把它們珍藏起來，自己捨不得享用，有機會就會跑回前世的家中，並把它們分給自己的妻兒。而當他一見到夏蒂絲時，總忍不住要流出難過、哀傷的眼淚，同時輕聲哀歎道：「可憐的女人。」一旦他外出時，眾人就會發現，他老愛在脖子上圍條圍巾，而這並不是當地的風俗習慣。很顯然，此乃阿比生前的特別愛好，是由他的串習所致的一種特殊行為。

張生有的故事

在中國，有關這方面的事例同樣讓人對前後世不得不生起信解。比如在陝西彬縣，就流傳有一個家喻戶曉的關於前世與轉生再來的事例。故事的主人翁叫張生有，他就能回憶自己的前生，而且他的經歷不僅在彬縣人人皆知，就連鄰近的永壽縣百姓也耳熟能詳。後來，與張生有熟試的永壽縣縣長韋勉齋（後調任彬縣縣長）將這件事整理成文字，因此這件事從頭到尾都有可靠的目擊證人及證明材料。

張生有的前生叫田三牛，家住彬縣西南、離縣城三十里許的一個小鎮子。當地人大多住在窯洞中，而此種以土為居的建築很難抵擋狂風暴雨。有一次，在連續下了很長時間的大雨後，整個地區都開始泛濫成災，田三牛的窯洞大門下面也堆積起不少的濕土。正當他奮力將濕土刨開時，土石塌方，驟如山崩，以噸計的濕土立刻將他活埋，很快他就窒息而死了。但田三牛並不知道自己已經死亡，他當時只是感覺整個身體都被埋在土裡面，而自己正拚命往外掙扎。還好，最後總算爬了出來，身體也並未遭受重創，他很高興自己能再次回到家中與家人團聚。

當他高高興興地帶著撿回來的一條命去見妻子時，剛見面就迫不及待地向她表白說：「今天咱家的窯洞下面塌方，我差點丟了小命，不過眞是不幸中的萬幸，好歹我又掙扎著爬出來了。」但讓他大惑不解並生起極大嗔恨心的卻是：妻子根本就不搭理他，而且連正眼也不瞧他一眼。他又轉向兒子訴說道：「你知道剛剛都發生了什麼事嗎？咱家的窯洞下方塌了，剛好把我埋在地下，差點就被壓死了。不過算我命大，大難不死，這不又回來了嘛！」但兒子的表現卻與妻子一模一樣，他就像沒看見自己父親似的轉身就離開了。田三牛這回眞的有些怒火萬丈，他氣憤地想到：我好不容易才從生死危險中逃脫出來，眞可謂九死一生。但妻子、兒子卻這樣待我，他們根本就不理不睬我，對我就像陌生人一樣，這樣的生活還有什麼意義？田三牛一邊憤懣不平地暗自嘮叨，一邊就不知不覺地離開家來到了彬縣縣城。

上文所描述的情況，其實與佛教經典中講到的人死之後的中陰境界無有任何些微差別。當我們接著敘述田三牛與張生有之間的因緣瓜葛時，這一點就會表現得更爲明顯。

言歸正傳，田三牛不久就來到了彬縣東邊一個名爲鳴玉池的名勝之地，此處景色宜人，田三牛一見就想進去看看。可是眼看將到，偏偏又多出一道小門，使他無法通過。當時他使出全身力氣拚命往門外擠，也不知擠了多久，猛然間就擠身而出，他頓覺頭暈目眩，茫然不知所以。但是在這一時刻，眞實的境況卻是：他剛剛從母胎中呱呱墜地。這裡講述的情形，與《阿難入胎經》中闡明的出生境況的的確確一模一樣。

此時，新生命誕生的產床邊有幾個女人正急急忙忙地翻撿著什麼，她們高聲叫喊道：「剪刀在哪裡？找不到剪刀怎麼辦？」剛剛落地的田三牛此刻剛好看到剪刀就掛在牆上，於是他便用手一指剪刀並說道：「那邊牆上掛著的不就是嘛！」結果他剛伸出手就注意到，自己的手不知何時已變得和嬰兒的手一般大小。他不禁萬分驚奇地說：「咦！我的手怎麼變得這麼小？」結果，大吃一驚的不僅是田三牛本人，圍在他身邊的大人們各個都驚恐萬分，他們感受到的震驚遠遠大過田三牛對自己的手忽然變小的感歎。眾人一致驚叫道：「見鬼了！這個娃娃一定是妖魔鬼怪轉生，得趕緊把他扔在糞坑裡。」田三牛聽後異常恐懼，但以他現在的嬰兒之身，他又實在無能爲力。危難之時，躺在床上的母親聽到眾人的議論後，根本不顧大家的反對，毅然決然地說一定要把孩子留下來。眾人聽後覺得也沒有什麼理由可以勸阻，最後也就沒把田三牛扔進糞坑。這時，人群中的一個女人才像想起了什麼似的突然大叫道：「趕快剪斷臍帶！」爲了驅魔，她順手就把產婦的污血塗在田三牛的臉上。

從此以後，田三牛算是懂了一點言多必失的道理，他也就不再開口講話了。因他害怕別人會因此而迫害他，於是他學會了裝聾作啞。幾個月後的一天，家人有次下地幹活時，就把他用一床棉被包著放在床上。此時，家門前的院子裡還晾曬著一些糧食，太陽正當頭的時候，忽然來了一群雞競相啄食。小小三牛見狀急忙用手驅趕它們，還照著大人趕雞的方式吆喝、搗鼓個不停。這一幕恰好又被家人撞見了，他們紛紛說道：「這個娃子肯定會給全家帶來厄運，他幹的這些事全都是些惡兆。」當眾人再次準備將他扔進茅坑時，母親及時出現，田三牛的這條小命於是又得以保全。打那以後，他便再也不敢跟任何人講話，這種狀況一直持續到他六七歲時，故而人們都把他喚作啞巴。

這一世的田三牛被起名叫張生有，有一天，爺爺帶著生有來到一無人之地，然後就詳細詢問了有關生有前前後後的一切經歷、回憶及事實眞相。生有流著眼淚，把自己記得的事情一五一十全都向爺爺作了傾訴。爺爺聽罷就對孫子說：「這樣好了，從今兒起，你該怎麼的就怎麼的，不用害怕，一切有我。」從此，他才能夠回復到自己的本來狀態。不過他歷來不喜歡與同齡孩子一道玩耍，卻總愛和大人們攙和在一起聊天、共住。

此事逐漸傳遍了整個彬縣，上至政府官員、下至普通百姓，所有人都在議論紛紛、指指點點。不過張生有的前世一家人卻把這件事當成徹頭徹尾的謠言、無稽之談，故一直都未對此事作過任何調查、瞭解。不久，田三牛家以前的鄰居爲了田產的事而和田家起了糾紛，兩家人遂把官司一路打到了法院。但田家卻不知地契過去被田三牛放在什麼地方，如果拿不出地契，這場官司必定會以田家的敗訴而告終。當田家人圍攏在一起就此事商討時，田三牛的妹夫忽然想出了一個主意：「如今大家都說田三牛已在鳴玉池地方投胎再來，如果我們找他問問，或許能得到答案。他若眞是田三牛，那就應該知道自己過去把地契藏在什麼地方。」結果這條建議被家人一致採納。

當他們來到田三牛面前並向他問及此事時，他馬上就回憶了起來，「我把地契藏在窯洞某個角落的一道石頭縫裡。」大家回去一翻看，果然如此！從此，妻子、兒子都相信了這個所謂的張生有就是田三牛的事實，母子倆便專門來到鳴玉池看望三牛。親人相見之後，妻兒堅持要請田三牛回去住，三牛向今世的父母請求後，他們全都答應了。

儘管田三牛終於回到了自己前世的家，但他本人當時也不過才八歲左右。一個這麼大的父親，和一個三十幾歲的妻子，再加一個二十多歲的兒子，這種生活、家庭景況怎麼看怎麼不相稱，他只好又搬回去住。好在兩家人對他都非常友善、親切，他便一會兒在前世家待上一段時間，一會兒又回張生有家住上一些日子。

回過頭再來看看國外一些能回憶前世的實例。

第二次世界大戰期間戰死的一位英國軍人，後又轉生於印度新德里的一戶人家。當他出生時，身體上還留有槍彈洞穿的痕跡。儘管生在印度，但他卻一點也不喜歡印度的風俗習慣，每次吃飯時都常常顯出西方人的飲食及生活習慣。他非常喜歡穿著軍服，而且在無人教授的情況下，無師自通地流利使用起英語。這個孩童完全能回憶起以前跟人作戰的經歷，還能把自己的死亡經過講述得一清二楚。印度烏達布拉狄思省心理學研究所所長、同時也是轉世研究小組組員的慕納·布拉沙德博士，經過詳細調查後確認，此事確屬眞實無謬，並在新聞媒體上公開報導了這一消息。

緬甸女孩的故事

緬甸有一七歲的女孩，她知道自己前生是一男人，並結過四次婚。其中第三個妻子性情非常粗暴，曾用刀刺傷過自己的肩膀，這傷痕現在依然隱約可見。而自己前世則開設過傀儡戲院，整日以傀儡歌舞爲生。如今，從沒有學過傀儡技藝的她，卻能很嫻熟地掌握操縱傀儡的全套技術，那些傀儡戲的歌詞，她不經學習即能完整背誦、演唱。英國靈魂學權威菲爾丁．荷爾專爲此事親赴緬甸進行調查，最終確認此事確實眞實不虛，隨後他便把這件事寫進了《人的靈魂》一書中。

一九五三年十二月二十六日，一個名爲曼德奧蜜尤的女人在緬甸的塔曼城生下了一個女兒。小女孩在四歲之前一直未曾開口講話，當她終於能開口講話時，卻對家人說：「我本是一個日本軍人，後死在緬甸。」不僅如此，她還經常對父母哭著請求說：「我要回日本！」又說：「我前世是日本軍隊裡的一個廚師，有天正燒火做飯時，空中突然飛過來一架飛機，飛機上的機關槍不停向地面瘋狂掃射。我來不及過多考慮，急忙向山中躲避，結果子彈還是擊中了臀部。得不到醫治，後來我就死在山裡。當時的葬身之地，離我們家也就只有七十五米的距離。另外，我在日本時還生有五個孩子。」

這個小女孩身上依然保留著一些前世帶來的濃厚習氣，她只要看見或聽到飛機及其音響，馬上就會嚇得尖聲驚叫。父母罵她時，她總是委屈地申辯說：「我前生就是被飛機打死的。」而在日常生活，諸如吃飯等方面，她亦不喜歡緬甸食物，倒是對甜食頗爲鍾愛。除此之外，小女孩也不愛穿女人衣物，對男式服裝倒情有獨鍾。她還喜愛玩槍等兵器玩具，每回和小朋友們一道作遊戲時，也總愛玩些打打殺殺的戰爭演習。以前中彈的地方，如今仍留有一塊紫黑色的疤痕，兩三歲之前若用手去摸，還會有疼痛的感覺。

大體說來，有些人最初即能回憶前世；而還有一些則要等到見到某些對象或因別種因緣才可突然回憶起過去生的往事。《毗奈耶經》中就記載了這麼一個釋迦牟尼佛住世時期發生的公案：有一長者名更嘎本迦，曾於五百世中身墮惡趣，其後方轉爲人身。當其身爲在家人時，因忙於家務，已不復能憶念前生往事。出家之後，當世尊宣講地獄之種種慘痛時，更嘎本迦忽而憶起前生經歷。其後每每聽聞地獄之痛，渾身汗毛即流出膿血，竟將法衣染成雜色。諸比丘不堪其味，遂相率往詣世尊。世尊告之曰：「既如是，當許其內著身巾（法衣之一，貼身穿著。）以免染垢自他。」從此，開許出家人身著身巾的這條戒律就流傳了下來。

美國耶魯大學醫學博士、西奈山醫學中心精神科主任魏斯也看到了這種回憶前世的時間延遲現象，他說：「我曾碰到過一位急急忙忙趕來找我的女律師，她一見我就說：『我四歲的女兒最近行爲很反常，有次我拿著一些以前的舊幣回家，結果她看到後就拿走了其中幾塊多邊形的貨幣玩來玩去，還把不同種類的貨幣進行了分類。她又告訴我：『媽媽，我認識這種貨幣，你還能回憶起來嗎？我是大人、你是小孩時，咱們家就有很多這種貨幣。』她晚上還抱著貨幣入睡，並常講一些好像發生在其他時代中的故事。」這個女人說完後顯得很擔心，她懷疑自己女兒是否精神出了問題。我當時安慰她說：『你女兒沒有任何精神疾患，她肯定是想起了前生的一些經歷，你大可不必為此擔心。』後來，小女孩的行為又恢復正常，她母親便也不再替她擔心了。」

大衛的故事

還有一個七歲的小孩名叫大衛，他母親是一位具有高深學識的知識份子，有次曾帶他到義大利遊覽觀光。古老的義大利擁有許多古羅馬時代的遺址，母子倆被一名考古學家帶到一處剛剛發掘出來的古羅馬別墅旁。大衛一見，立刻覺得緊張起來，他開始四處跑動，最後則停在一個羅馬式浴池的旁邊。浴池用光亮的藍色瓦裝飾，其上鑲嵌著黃道十二宮像。大衛在浴池邊跪下來叫喊道：「這是我們的浴池和我們的瓦，我曾在這裡放過馬加斯魚。」提到馬加斯魚，大衛又哭喊起來：「帶我離開這裡吧，媽媽！快帶我走吧，太可怕了，我受不了啦！」母親事後問大衛是什麼原因令他如此緊張、痛苦，但大衛自己也說不清楚。

後來，母子倆又去法國的幹西遊歷，這裡有許多地穴都曾做過法國兵的監獄。當大衛看到一處地穴時，他突然用手指著一堵牆並對管理人員說道：「就是這裡！以前曾經有個男子被放在厚牆中間夾封起來，現在你們可否把他挖出來、重新埋葬？」幹西監獄以及相關政府部門根本不可能相信一個孩子的話，故也一直未採納大衛的建議。怎奈他苦苦要求，並說出了那個受難者的名字；兼以他母親因已有過幾次大同小異的怪異經歷，故自認為兒子的話並非發燒夢囈，於是答應賠償破壞六道牆壁的損失並負責修葺工作，監獄當局這才同意拆解磚牆。結果打開一看，內裡果然有一副骨架。獄方再查檔案，對照著小大衛提供的死者姓名，最後發現一百多年前此監獄確實收押過這名人犯，但對他為何會被塞進牆壁中卻並未做出明確記載。

另有一次，大衛和弟弟一起去倫敦博物館參觀，那裡陳列著很多古埃及的木乃伊。大衛在見到這些木乃伊後竟然昏厥了過去，只好被人送回家中。回家後，他用鉛筆描畫了三個埃及古代的鳥形文字，並對母親解釋說：「這就是我的姓名。」

我們已經說過，大衛的母親是一個科學工作者，但她無論如何也無法用科學道理解釋清楚這些現象。深感疑惑與稀有的同時，她將這些見聞寫信寄給李斯利．華達客博士。其後，當博士有一次在倫敦城市教堂作演講時，曾提到過此事；有關新聞媒體也對之進行過報導。

同樣，藏族人中也不乏能回憶前世之人。藏族傑出的佛教學者更頓群培大師，在提及前生後世及中陰經歷時就如是記敘道：「有關中陰身的具體情況，並非全如《俱舍論》描述的那樣，其形色、遊歷及轉生經過與這些論典中的描寫稍有差異。比如喜饒嘉措格西的前世乃一女人，格西自己對前世之經歷一直記憶猶新、宛如昨日。他說自己前生的死因是因挖土時身被土石壓埋所致，當中陰境界現前時，自身依然感受女人之身相，並騎在一頭紅色的犛牛背上，逐漸漂遊到格西今生父母的家門口。當她進入家門時，渾身上下已無絲毫感覺，且長時間陷入昏迷之中。其後，今世之格西遂安然誕生。當他能說話時，即可清晰憶念前生經歷，並對前世居住過的屋舍等物瞭若指掌。我曾親耳聽到他說：『現在也可把這些前塵舊事記得一清二楚。』」

除此以外，很多高僧大德還能回憶起多生累劫的往事，這一點只要看過他們的傳記即能了知。這裡並不打算採用他們傳記中的相應事例，因爲這些事實乃舉不勝舉，無法一一列出。

人畜互相轉生

以上，我們已將從人道轉生到人道、且能回憶自己前生經歷的內容宣說完畢。下面即將展開論述的是從旁生道轉生爲人道，或從人道轉生爲旁生道的內容、道理。

釋迦牟尼佛住世時，有一位牛主比丘前生就是一頭黃牛，故現世的他依然長有一副黃牛般的臉型，很多人見後都因恐懼而生起了邪見。不僅如此，他和黃牛一樣還會反芻。此中因緣是這樣的：久遠之前，猛具河邊就生存著一頭黃牛，有天當牠不幸沒入河中時，舍利子慈悲救助了牠，並爲牠傳講佛法。這頭牛最終雖轉生爲人，但長相醜陋的詳情在《毗奈耶經》

中是被這樣描述的：有一母親懷胎九月後生下一子，其子形狀如牛，故爲之取名曰「牛主」。牛主年歲漸長後，某次適逢舍利子前來化緣，牛主便爲其奉上齋飯。於此過程中，牛主雙目始終不離舍利子，且對其婆羅門之父亦頻頻投去探尋的目光。婆羅門遂對其子言曰：「汝未降生時，即已被送與聖者。」之後，牛主即跟隨舍利子出家求道。彼嚴守比丘諸戒，專一精進於道，最終即獲阿羅漢果位。

牛主長有雙囊，一爲進食之用，一爲反芻之用。世尊未制訂非時而食戒之前，牛主竟日進食、反芻不停；世尊定下此條律儀後，牛主即停止反芻，其身體較前即明顯瘦弱。因此說，此條戒律制訂之緣起，和這位比丘大有關係。至於牛主長著一張牛臉的具體原因，則是因爲當他過去久遠之前生而爲人時，曾惡口咒罵自己的上師道：「你就像黃牛一樣。」以此惡業感召，牛主在五百世中均感受身爲黃牛之異熟果報。在牛主處於自己輪迴生涯中的最後一世時，他終於轉生爲面目頗似牛臉，但總算可以出家證果的比丘。

佛經中說過：由毒蛇轉生之人，其人口中常出毒氣，所以不得將咀嚼過的木簽丟棄於地，以免危害眾生。以此因緣，不能把木簽扔在地上的戒律就保存了下來。

放眼當今世界，眾多有理有據、眞實可信的事例都在向我們展示，人畜互相轉生的現象實在是一種客觀存在。比如有人就曾把自己早先耳聞目睹過的經歷，多年以後整理成文字發表在《中國佛教》雜誌上，文章如是寫道：

「一九三七年我旅居四川西昌瀘山光福寺時，有天因事下山，山隨路轉，不久即到了邛海跟前。要過邛海必得借助於往來兩岸的輪船，當時同船的客人有十幾個，中間還夾雜著三四個幼童。其中一個孩子的右手一直被布包著，根本就不讓別人看。當別的小孩使勁拉扯，終於讓他的右手暴露出來時，我不禁大吃一驚：他的右手竟是隻豬蹄。乍看之下，我自然驚恐非常，旁邊一知情老者見狀後便向我解釋說：『這個孩子可以回憶起自己的前三世，他三世都在做豬，至今都可憶念起自己被屠夫割斷脖子時的慘景，還能回憶起肉身在菜市場被人宰割的恐怖景象。一想到這些，他的心就有一種宛如刀割般的感覺。』……」

在臺灣的臺北，住著一位老家在浙江的姓翁的老者，他的左手也是一隻豬蹄。翁先生能回憶起自己前世從人轉生爲豬、又從豬轉生爲人的經歷，他的這種獨特體驗，後爲一名叫若愚者親眼目睹並證實。一九七三年時，若愚把此事整理成文章並公開發表，文中具體講述了他親眼看見、親耳聽聞的這段人間奇聞。

翁先生平時總用布包著自己的左手，從不讓人看左手的眞面目。每次吃飯時，也總是把飯碗放在桌子上吃，不會也不可能手捧碗碟。不論洗衣服還是做飯，他都需要別人幫忙。有次與若愚一道進餐，席間，包裹左手的布塊不愼落地，若愚一眼就看見了他長成豬蹄形狀的左手。當若愚隨後問起何以致此的原因時，老人出於信任而向他敞開了心扉：

我前世的前世是個窮困潦倒、牢騷滿腹的老學究，有次得了重病，馬上就要死

時，當時突然感覺身體好像變得很輕，輕飄飄的，不大一會兒就來到了一個不知名的村莊。此時，渾身上下忽又感受到一種難言、難忍之寒冷，自己根本做不了自己的主，完全控制不住身心，全身都在顫抖不止。就在此刻，我猛然發現有一户人家的大門是敞開的，於是我便鑽了進去，結果發現屋中一個人都沒有。房間的牆壁上掛著幾件黑色的衣服，看到衣服後我生起了貪心，隨即就拿下一件穿在自己身上。這時，我開始感覺到身體發熱，全身上下暖暖和和的，非常舒服。不由自主的，我便待在牆角下休息起來。此時的感覺就像睡覺一樣，在這種狀態下也不知道自己到底睡了多長時間，醒來後才發現：一個豬圈裡有頭母豬剛剛下了七八隻豬崽，我就是其中的一隻。這時我才明白過來，原來自己死後已投生爲豬了。

明白了這個事實以後，一種無法言說的巨大痛苦與恐怖感立刻瀰漫開來，我想不如自己死了算了。因此我拒絕進食一切豬食，也絕對不喝那頭母豬的奶，我只想讓自己儘快餓死，好抛開這個豬身。七天之後，我的身體又如前次般變得輕飄飄的，我感覺自己從豬圈中跑了出來，然後便開始前往另一個村莊，就像被風吹走似的。到了新地方之後，感覺異常寒冷，風最終把我又吹向一户陌生的人家。和上次一樣，這户人家中空無一人，只有幾件衣服掛在牆上。當我伸出左手準備拿時，手指剛一接觸衣服，心裡便馬上回憶起前次偷盜所感致的果報，已經伸出去的左手便立即收了回來。我當時心想，即便凍死在這裡也可以，於是就待在原地不動，在極度寒冷、昏沈中沈沈睡去。不知道過了多久，當我從昏迷中清醒後，發現自己已轉生爲人，心裡有話非常想吐出來，但身爲嬰兒，無論怎麼努力也無法開口成言。就在此時，我發現自己的左手已完全變成了一隻豬蹄。

這就是翁先生給若愚講述的有關自己前生今世人豬互轉之經歷。若愚見到此人是在一九五六年，當時翁先生講完後又鄭重向若愚請求道：「除了我的皈依師南亭上人之外，您是唯一知道這個秘密的人，請您務必幫我保密。」老人後死於臺北醫院中，在他去世若干時日後，若愚才將此事公之於眾。

一九二三年，江北某個性情兇悍之人得了不治之症，在他病入膏肓之際，某天忽邂逅一雲水僧。僧人看到他後便說：「你罪業深重，死後必墮豬身，故當痛自懺悔。」此人聽罷便以左手向僧作禮，如僧家之半合掌式，遂告命終。此時，鄰家的母豬恰好產下一隻小豬，其前左足乃爲人手形，行走時不會著地，時時對人作合掌之狀。死者家人購得這隻豬後，送至上海大場寶華寺放生園內作了放生。此事很快就傳揚了開來，鏡華照相館專門爲這頭小豬拍了照，當時的上海市民大多都對此事非常熟悉。這張照片在一些雜誌上被競相刊登過，而且至今仍留存於世。那隻人手與普通人手的形狀基本相同，其姿勢頗像單手禮佛的狀態。當小豬行走時，它的三個蹄子著地，那隻手則懸空。

上文所講述的這些回憶前世的事例，只是萬千類似事件中的極少一部分，此處只能極簡略地概要介紹到這裡，因這樣的事情實在無法一一列舉。

前世記憶在四、五歲前最鮮明

此類事件過去已發生過無數次，未來還將連續不斷地持續出現、上演，只要人類還繼續生存於這一時空下，能回憶前世之人就一定不會絕跡。如今，全世界每一個角落裡都有可回憶前世之人，包括一些過去從沒有過前後世概念的身處偏僻之地的人士，也開始經歷回憶前世的體驗。這個結論並不是我個人對回憶前世現象的一種妄斷，許多地區都建立了專門機構調查那些回憶前世事件的眞僞。通過縝密、科學的檢驗後，前後世客觀存在的結論才得以得出，此種觀點也才被越來越廣泛的人群所接受。特別是一些兒童，他們在很年幼，甚至剛會講話時就能回憶前世。

仔細詢問過這些孩子後，人們發現他們可以憶念起前生在別的國家、成爲別的民族、身處別的地區時，非常細微的一些生活細節，而且在做過調查後，人們不得不承認他們所說的一切完全屬實。這些孩童不僅即生當中從未去過他們提到過的前生生活之地，而且連聽聞都未曾聽聞過。這麼小的孩子如果要騙人的話，的確有些不大可能，也無必要；另外而言，他們的話經過驗證證明皆非謊話，反而各個符合事實眞相；還有，他們對前世親人的那份純眞的感情，如果沒有親歷在前世與之共同生活的經歷，這種感情又如何得以產生？因此從這些小孩身上，我們就能感受到前世存在理論的合理性與可信度。

一般來說，能回憶前世的人，他們關於前世的印象在四五歲之前是最鮮明的，因此時前生帶來的習氣還非常濃厚，因此回憶也呈現出相對穩定的狀態。七八歲之後，隨著前世習氣的日漸淡薄，即生習氣的日趨增長，關於前生往事的回憶也相對模糊起來，甚至有可能徹底忘失。這些道理都是我們能親眼目睹的，這是承認前後世存在最有力的理由與證據。有人可能會以科學尚未證實前生後世的存在與否爲由，而否認它的實際性，對此我們可以回答說：你不相信這一事實也可以理解，不過若已用眼睛親眼目睹了物質的形色，然後又說必須要用耳朵再證實一遍，這種行爲方式對你而言是否顯得不太合理？

我們應該知道，儘管持此觀點者人數不少，但科學家到目前爲止，無論依據的是科學理論，還是自己的所謂智慧、能力，他們都無法破解人類可回憶前生往事之謎。而無等全知導師釋迦牟尼佛卻對此問題早就做出了明確、究竟的最終回答，比如以《十地經》爲主的眾多經典中均如是論述道：「某些眾生可憶念自己前一世、二世、三世、四世、五世及至十世，乃至十萬俱胝劫之前生往事，此類眾生常言：『吾彼時是某某，後由某某又轉生爲某某，某世姓甚名誰、爲何種姓、家境及飲食如何、壽長幾年、存活時日、所感受之苦樂又如何等。死後吾又轉生爲某某，某某歿後再變爲此生之我。』諸如此類，難以羅列。此類人所說皆非空穴來風，各個均有理有據且有證人，其所回憶的前世景象最終皆驗明爲眞實不虛。」此段經文已將前後世存在的現象揭示得明明白白。

業力不同，回憶前世能力不同

在如何看待眾生的生命這一嚴肅而重要的問題上，就我們現量所見，科學和佛經的闡釋之間實有天壤之別。除此之外，在對待其他一些牽涉到生命本質的問題上，佛法的甚深義理與科學理論同樣不可同日而語。有智之士對二者在這些領域內大相徑庭的觀點，理應如眼觀色法一般瞭解得清清楚楚。

觀察、判斷一種現象時，善加取捨、仔細分析是非常重要的一環。也許有人會這樣想：對某些人來說，前後世可能會存在；但另外一部分人未必就有前後世，因他們腦中已不存有關於自己前世的絲毫印象。這種看法毫無疑問無成立的合理理由，儘管有人暫時回憶不起來前生經歷，但通過下文即將論述的催眠試驗及回溯自己往昔經歷的做法，相信大家對回憶前世的現象將不再會感到陌生。我們不能因爲有人僅僅只能憶起前世住家的一鱗半爪，就認爲自己前世住過的房子壓根兒也不存在，或者就只有能回憶起來的那麼一丁點兒大。一般而言，眾生進入母胎之後，即會陷入長時間的昏迷狀態中，並因此而喪失前生記憶。如果有人要問住於母胎中的時日，則可回答說不定。普通說來，人類住胎之時間多爲九月或十月，但亦有個別長於此者。比如眾多佛經中都提到過，羅睺羅就在母親胎中住了六年之久；還有一名為老生的比丘，因業力所感，當初也曾讓母親整整懷胎了六十年。不過，懷胎不到九個月的情況也有，此中道理下文還會提到。

總體來看，因為眾生業力各自不同，故顯現上的住胎時間也長短各異，唯一、永恆、通用的標準實在難以確定。相同的，中陰境界的持續時間也因人而異，佛經中說過：中陰身可存在七天、四十九天，或者一直持續到獲得身體聚合之前。現在那些能回憶前世的人們，他們所回憶到的中陰持續時日也各不相同。

至於為什麼有些人能憶念前世，有些人對前世卻茫然無知，這主要是因為眾生各自的脈性及前世業力的異熟果報不同所致。若要問什麼又是異熟果報，則可以例說明：若對別人作過法佈施等佈施舉動，則此等行為就可成為將來擁有回憶前世的能力的因緣，誠如《寶鬘論》所云：「以無垢法施，回憶諸宿世。」

◎依靠催眠、夢回溯前世

有人很小就能回憶自己的前世，而通過催眠試驗，很多人都可清晰地回憶起平常狀態下根本想不起來的前生經歷。那麼這所謂的催眠試驗，到底是什麼？依靠心理學及醫學提供的理論支援，再依靠睡眠體驗，是指讓接受試驗者進入淺層睡眠狀態，並使其安住於這種非深度睡眠之境況下，再依靠心理醫生的提問及接受試驗者的如理回答，也就是說讓接受試驗者聽見施行催眠者的問話，並能在既非眞正的酣睡、又非醒覺的狀況下，隨其提問而流轉自己的心識，最後即將今生、過去世的人生經歷像作夢一般全部顯現出來。這種一問一答的方式，很類似清醒狀態下我們與別人間的問答，但又不全然與醒覺雷同。

催眠是一種有注意力、有接納能力的專注狀態，雖然它和睡眠一樣，周邊警覺力大幅度降低，但局部警覺力則達於巔峰狀態；而在睡眠中，局部警覺力卻處於一種渙散狀態。總之，催眠是既非清醒、亦非睡眠的另一種意識狀態。比如，心理醫生提出要求說：「現在你應回復到十歲的年齡段。」接著醫生又會發問：「那是一種什麼樣的狀態？」然後他就會提出一大串問題：「附近都有什麼東西？房子？還有什麼？衣服又是什麼樣子？……請告訴我。」接受催眠者則一一作答。回答完有關十歲時候的問題，醫生接著又會提出讓接受催眠者回憶七歲、三歲，乃至漸次回溯往昔的內容、問題。醫生則在旁邊驗證說，這是今生或過去的回憶內容，現在已來到了前世生活過的某某地方等等，前世的影像此時紛然呈現。接下來，心理醫生再問有關前生的一些具體情況，接受催眠試驗者則按似夢狀態下腦海中所現出的畫面，全部予以如實回答。

深度催眠的回憶

關於前世的回憶可分成兩種。一是深度催眠下的回憶。在這種情境下，接受催眠者可把自身現在的顯現、形象全都變成自己前世的形象。比如，當他回憶到幼年境況時，其聲音也相應地變成了眞正孩童的聲音，他寫出的字也與小孩的字體一模一樣。如果此人前世屬於其他民族，那麼即生當中，不管他對這種外族的語言是如何的陌生，在催眠狀態下，他也會突然就說出這種平日怎麼也說不出來的語言。當此人感受過去生中的苦樂時，他對過去世苦樂境界的感受與現在親身體驗相同情境時的反應，無有絲毫差別，所有的反應姿態、情緒等行爲都表現了出來。

淺層催眠的回憶

另一種則是淺層催眠下的回憶。這種體驗就像我們平常觀看歌舞一樣，以前的經歷同樣在心中歷歷在目、栩栩如生地映現無遺，但回憶者的身軀、情態並不會變成過去生的形狀。此時，過去所經歷的事情，一個不缺地都會重新清楚呈現。這一切都發生在內心深處，宛如夢境，不過若細推起來，此種經歷又與夢境有別。因夢乃無根由生起，而此處所謂的回憶卻屬過去生的眞實經驗，只不過此時重現於心中而已。而且這種顯現只要出現過一次，不管它發生於何時，當它再度出現時，絕不會與前次有些微差異，也即是說它可不斷重複，可重複性非常明顯。假設讓兩人在同一個地方同時做一件事，然後再對他們施以催眠，並令其在催眠狀況下重新予以覆述，則此二人的敘述一定會分毫不差。

由此看來，催眠術眞是非常稀有的一種能幫助人回憶前世的方法。在催眠試驗中，醫生並未要求某些人回憶前世，但因緣所致，他們自己卻滔滔不絕地把催眠狀態下所回憶起的前生畫面一一訴說了出來，這種現象在催眠過程中也時有發生。說到催眠的作用，很多西方人都是把它當成治療身心疾病的一種手段，某些由於前世因緣而導致的疾病，一般的醫療措施往往束手無策，此時如果借助於催眠療法，這些頑疾很有可能馬上就會痊癒。有些刑偵、員警及安全機構也利用催眠這種方法偵破偷盜等案件。比如，美國聯邦調查局的行爲科學組自一九七六年起，即正式採用催眠術來調查某些經過選擇的案件，並因此而破獲了近百件棘手案件。有些受害者在遭到強盜搶劫時，由於極度恐懼，他們事後常常無法回憶起那些強盜的嘴臉。此時如果對其施以催眠，便可降低這些受害者對創傷經驗的壓抑，經由退行作用及回憶力的增加，而找到一些有用的線索。

催眠術的起源和流行

如果要追溯催眠術的起源，則可上溯至西元十八世紀的歐洲。自從法國的梅斯美爾（F.-A.Mesmer）依此方式爲人治病後，催眠術遂開始逐漸被世人瞭解。醫學界人士其後也對之重視有加，他們根據催眠方法發展出多種治療新思路、新方式，並建立起很多催眠治療中心。不過依據催眠使接受催眠者回憶起前生歷程的做法，卻是在數十年前才被認識到其潛在價值與臨床前景的。首先是心理醫生與醫學專家，在一很偶然的情境下發現了催眠術新的應用領域，但他們當時並未怎麼看重這一新發現，而且不論是試驗者還是接受試驗者，在催眠術剛剛萌芽的階段，都不敢公開傳揚此事。隨著接受催眠並以之回溯前生的人越來越多，並且還有許多親見前生的接受催眠者，把自己的親身經歷寫成文字、專著向社會廣爲傳播，有關新聞媒體，諸如廣播報刊等也對此事進行過廣泛報導，種種因緣促成下，借助催眠以回首往事的方法便逐漸流行於全球。據說，已有一百餘萬人在催眠術的幫助下，回憶起了自己的前生。

不過並非所有從催眠而得的說法都完全可信，這其中的大多數都可謂言而有徵，但也有少部分不符合事實，此種情況也曾屢屢出現過。

五〇年代，即有科學家做過試驗，將成年人催眠，讓他們「回到」幼稚園時代，結果有些人居然能想起幼稚園的老師、還有坐在旁邊的小朋友的名字，而這些有關往昔的生活內容，他們在平時無論如何努力也不可能回憶清楚。如此觀察之後，人們普遍認爲大多數催眠試驗還是可信的。

經催眠憶起前世的實例

臺灣醫學專家陳勝英，早年從台大醫學院醫科畢業後即奔赴美國田納西大學醫學院繼續深造。他原先根本就不相信什麼前生後世，用他自己的話來說，就是：「小時候曾聽長輩們說過這種事（指輪迴），但恨死了他們用淒慘恐怖的地獄景象來嚇我；從小學到大學，對人生充滿了疑問，但這種追求生命知識的欲望，卻很快被所灌輸的教條式的科學認知方法所抹殺，而將輪迴的說法當做一種迷信。」但通過在美國進行催眠醫療，特別是親眼目睹了大量回憶前生的事件後，現在的他已不得不接受前世存在的理論。陳先生還親自撰著了有關前後世的著作、文章。

他在所寫的《跨越前世今生》書中如此說道：「我在美國行醫治療時，曾碰到過一位患有心理恐懼症的女患者前來就醫，她是某家航空公司的地勤人員。有次與丈夫乘飛機出外旅遊，當飛機上的燈光逐漸熄滅後，整個機艙似乎一下子就變得狹窄起來，此時的飛機就像一道暗藍色的光柱飄遊在虛空之中。當這位女士見到此番景象後，不禁驚恐萬分，她的恐懼症即由此落下病根。從此以後，她怕進小房間，尤其是有床的小房間，並且不敢再乘坐飛機。對她進行催眠治療後才得知：幾千年前，她乃一國王之王妃，國王死後，人們把她也一同埋進墓穴以陪葬。當時埋葬她的墓穴恰為藍色，她就這樣被殘酷地剝奪了生命。在催眠狀態下，這位女士重新回味了一番自己被逼慘死的全過程。原因找到後，她的心理疾患遂逐漸消失。

「我還診治過另一位女患者，她晚上經常失眠，還非常害怕水。對她催眠後發現，前世她曾被丈夫捆綁住雙手並與一顆大石頭拴在一起，然後又被丈夫扔進水中。在水裡被嗆住後，她根本無法正常呼吸，當時的她的確痛苦之極。幾番掙扎後，她只能無力地仰面躺在水中，正當她絕望地眼望虛空時，神識不一會兒就飛離身體，上升到虛空之中。從空中，神識看到自己的身體正在水中沈浮……。回憶起這些往事之後，她的病苦便逐漸減輕。

「還有一位女患者，她在沒有任何理由的情況下就對丈夫生起嗔心，一見到他就想無緣無故地跟他吵架。儘管使用了很多藥物，但一點兒也不見效。正當兩人準備離婚之際，她找到我要求進行催眠治療。治療過程中我問她何以對丈夫如此嗔心大發，處於催眠狀態下的她則回答道：『前世當我六歲時，現在的丈夫那時則是我的哥哥，他當時也不過九歲。有次他把我扔進水中，結果不久我就淹死了。這就是對他滿懷憤恨的原因所在。』

「以上所列舉的這些事例，都不是道聽途說，或別人進行催眠試驗所得到的結果，它們全都是我自己親耳聽聞、親眼目睹的。如果不是我親自試驗，單單聽別人講述，這些現象確實難以令人盡信。」

同樣，美國醫學博士布萊恩．魏斯（Brian L.Weiss）也依靠很多次的催眠試驗對回憶前世現象進行觀察，並最終從內心深處對前後世的存在生起信心，還撰著了多部論著詳細闡明自己的看法。在其著作中，曾記載了一個名叫夏瑪的女人回憶自己前生的故事：

四十四歲的夏瑪平日以經營繪畫生意爲生，她長期遭受嚴重胃潰瘍的折磨。對之進行催眠治療後，她腦海中終於映現出前生的畫面：在她某一生的十三歲時，她是一個黑頭髮的小男孩，是封建村落的居民。到這一世的瀕死時刻，許多身披鎧甲的騎兵來到了他所居住的村子，他們到處燒殺擄掠，其中一名武士持劍刺穿了他的胸膛，將他殘酷殺害。大概是十九世紀時，她又成為倫敦一家大醫院的護士。有次在病房巡查時，一位軍人突然闖進了醫院，並朝她的胃部、胸部連開數槍。

這些都是夏瑪的回憶內容，她可將之清晰地再現於心間。想起了這些往事之後，她的病也逐漸開始好轉起來。

還有一名為妲娜的女人，她則患有咽喉疾病，經常感覺喉嚨腫脹、說不出話、時時感染發炎、聲音嘶啞、無法進食，她本人為此而感受了無量痛苦。其後她到魏斯博士那裡接受診治，魏斯依然採用催眠療法。結果妲娜回憶起遠在義大利文藝復興時期，自己當時是一男子，因為知道了一個非常重要的秘密，別人怕他洩密，就用利刃割斷了他的喉嚨，他即因此而死亡。明瞭了此點後，妲娜的喉疾很快就好了。

安妮是一家醫院的加護病房的護士，近來突然患了一種過敏性呼吸系統的疾病，而以前的她根本就不知此病為何物。在與丈夫前往法國巴黎旅遊時，她一到那裡就沒來由地恐慌起來。其後在參觀一些古代遺址時，心中的驚恐感竟越來越嚴重。安妮覺得自己對身旁的古代街道似乎非常熟悉，這條街走到哪裡會拐彎，街的上下方位又如何，自己彷彿全都一目了然。在街道的轉彎處，她忽然發現了一處小廣場，看到它的剎那，似曾相識的感覺頓時油然生起。恍惚間，安妮就回憶起幾百年前，自己就是在這處廣場上被人綁在一根木柱上活活燒死的。回家後，爲確切了知自己的前世經歷，她找到魏斯博士要求進行催眠試驗。催眠過程中，安妮終於回憶起了自己被燒死的全過程：當時她的全身都在冒火、冒煙，身體灼痛難忍；肉體被燒焦時發出的臭味陣陣襲來；濃煙四起，烈焰逼人，自己最後即被煙霧嗆死……。

再來看看四十歲的成年男子傑克，他是一名貨運飛機的駕駛員，因後天原因而患有非常罕見的單一症狀恐懼症。每當坐上駕駛員的位置準備起飛時，他總要朝右側機翼看上半天，直到確信右翼完好無損、安然無恙時，莫名緊張的心才會安定下來。傑克原先曾在空軍服役，當時的他駕駛技術非常高超，駕機飛行以來從未出過任何大小紕漏。但他心裡卻老有一個揮之不去的念頭：右側機翼會不會掉下來？整個飛機會不會因此而墜毀？除此之外，他還經常性地無因無緣就大生嗔心。

接受催眠療法後才發現，原來傑克的前世是二戰時期德國的一名空軍飛行員，在一次激烈的戰鬥中，他駕駛的飛機右翼陰差陽錯地被友軍炮火擊中，整個右翼完全斷裂，導致飛機直墜地面。在機毀人亡的同時，傑克滿懷怨恨地嘴裡大罵個不停。也就是在這種極度怨恨、恐懼的心態下，傑克離開了人間。

知道了事情的前因後果，傑克的恐懼症也隨即徹底痊癒。

上文提到過的患有喉疾的妲娜，小時候經常飽受父母的折磨。在接受催眠治療時，她回憶起自己前世轉生在太平洋一個海島上的情景：那個島嶼可能是玻里尼西亞或夏威夷，妲娜轉生爲當地的一位女巫，負責防火事宜。有一天她因專注於觀看村人的舞蹈表演，故根本沒操心防火的事情。結果大火不愼燃起，全村都處在一片火海之中。在被火燒死的受害者中，有一名女性就是今生虐待她的母親。

費城有一名叫戴安娜的女人，她生有一個女兒。當她把孩子抱在懷裡時，不知怎的，心頭忽然就生起一種非常不悅的情緒。女兒長大後，與母親的關係就如水火一般難以相容，她們的爭吵、相鬥似乎從來就沒有止息過。母親後來接受了魏斯的兩次催眠，在這一過程中，她總算弄明白了事情的癥結所在：原來母女倆前世分別爲兩個女人，她們爲了一個男子而互生嫉妒，並最終發展成怨敵。當年的那個男人如今就是戴安娜的丈夫，而另一個女人則轉生爲他們的女兒。

得知這一結果後，起初戴安娜並不敢把事實眞相告訴給女兒，但孰料女兒自己卻找到了另一位心理醫生。在接受催眠的過程中，女兒回憶起來的有關前世的一切，甚至在最細微的細節方面都與母親的回憶內容一模一樣。後來，戴安娜還是把眞實情況告訴給了女兒，從此之後，母女倆的關係才得到改善，並逐漸密切起來。

在以上所列舉的催眠實例中，不管接受催眠者回溯自己的前生是何民族，他在回答醫生的提問時，基本上還是使用今世的母語進行回答，當然也有少部分人使用前世慣用的語言。大多數人從催眠狀態中清醒過來後，根本就憶念不起自己前世的民族語言。比如美國費城一位醫師**K.E**，曾於一九五五年對自己的妻子**T.E**作催眠試驗，試圖喚醒妻子的前世記憶。接受催眠之後，妻子竟用男人的聲音開始說起不太嫻熟的英語，其腔調非常像某個北歐國家的語言。「他」還說出了自己前世的姓名——詹森．傑柯比，並說自己是莫比哈加村人，同時還滔滔不絕地講了很多前世的經歷。最後則說道：「六十二歲那年，好像是在與人作戰的過程中，我在水中跋涉，然後被擊中頭部，似乎就是因爲這個原因，我最終離開人世。」

這位醫生對妻子進行了很多次催眠，目的無非是想讓詹森回憶起更多的前生往事。有幾次他還特意邀請了一些懂得北歐語言的人士聽妻子接受催眠後所講的話語，這些人當中有一位即是費城的瑞典歷史博物館前任館長沙林博士（N.G.Sahlin）。沙林博士與衆人都認爲她說的可能是一種比較古老的瑞典語，博士還設法從博物館借到一些古代文物和圖片，試圖以此測試此人的回憶眞實度。當她再度變為詹森．傑柯比時，沙林把這些文物拿出來讓其一一辨認。事後他說：「此人對瑞典的現代事物一竅不通，但她居然能辨認出屬於十七世紀的瑞典古代文物！」

對其施行催眠後，人們把她的話語錄了音，然後放給精通瑞典語的十位語言學家聽，最後得到的結論是：這個所謂的詹森是十七世紀時，瑞典西南部與挪威接壤地區的一位農夫。史蒂文生在對此事經過長達六年的觀察後也認定：此人平日別說精通十七世紀的瑞典語，她對當今的北歐語言都可謂毫不熟悉、一無所知。

上面所列舉的事實，無等大師釋迦牟尼佛其實早就在眾多佛經中揭示過了：「諸比丘，汝等以為如何？當時之施主正是眼前之人；彼時之女人即為現今之某某；當時之眾兒女非為別眾，目前人等盡皆是也。」釋尊在很多經典中，都如是數數宣說過前生後世的具體轉生經過。

催眠超越了粗大心念

如果有人要問：「為什麼依靠催眠就能回溯前生往事？」對此，曾經有人回答說：「自己過去感受過的經歷、經驗事實上都在腦紋裡留下了痕跡，遺忘或想不起來主要是因為缺乏適當的抽取媒介。」仔細分析一下我們就會發現，這種說法並不合理。因這種理解要是能成立的話，那麼除了今生的經歷以外，我們將不可能回憶起前生的一切。大家理應明白，無始以來眾生的種種習氣與所造之業全都聚集於阿賴耶上，故才將之稱爲種種習氣阿賴耶。這些習氣通過不同因緣的引發，即會從潛伏狀態下甦醒過來，所謂的回憶也才有可能在此時發生。

至於以催眠來回憶前生的方法，則與《俱舍論》等佛教經論中所講到的回憶前世之修法——住相作意修法基本相同。這種修法要求行者首先應遠離欲界之粗大心識，然後就應進入禪定正行之寂靜心態，接下來就可以從當下的心識開始回溯，一直往前逆行，直到抓住以前的心識爲止。如果此時心識還要繼續向過去回返，那就可以一直長驅直入，最後便能直抵中陰身等境界，如此修持方能眞正現出神通。返回來再看催眠試驗，催眠的最主要功用便是要讓人的心識超越醒覺時不可避免會擁有粗大分別念的這種低俗狀態，並將心識安住在尚未醒覺但又非沈沈酣睡的境界上，然後便引導它開始回溯過去的生活。通過問答等方式，這種回溯即可以逐漸打開關閉已久的前生門扉。儘管都可以令人回首往昔，但這兩種方式卻在所依寂止與否、回憶的深淺程度、能回憶的本體穩固與否等方面，存在著諸多優劣明顯的差異。

一般說來，如果只單純依靠粗大的分別念，即便是具有方便善巧的大乘修行人也難以獲得些微功德，凡俗之輩就更不用說了。若能放下粗大的分別念，心性本具的大大小小的俱生功德，便都可以自然現前；遠離一切遮障的心性功德，當然就會越來越明顯地顯發出來，這也是眾多瑜伽士如此喜愛精進修持禪定、酣睡、夢境修法的原因所在。依靠夢來回憶前世的修法，可見於諸多佛教論典中。恰美仁波切就曾說過，切蒼桑傑益西就是依靠夢境修法而回憶起了自己的前世。查諸切蒼桑傑益西本人的自傳，果然有此方面的記載。有關依靠夢來回憶自己往昔宿世之景況、歷程的記載，在高僧大德的傳記中也屢見不鮮。宗喀巴大師曾就此問題專門闡釋過：「關於未來之授記，大多都並非決定眞實可信，儘管有些亦稱得上言而有徵；而依夢境修法之要訣，或修風要訣，及諸正確無誤之方便法，眾人當能清楚了知自己前世之景觀。」在此，宗大師已說得非常明瞭：我等人眾若能依靠夢境修法，必可無誤回憶起自己的前生影痕。

需要補充說明的是，我們在這裡所說的諸如夢的幻化、幻變、光明夢境之修法等內容，在密宗以外的別的宗派當中，可能連名字都未曾提及。如果再拿心理學家們對此問題的所謂新看法、新知識、新思路與佛經裡的相關闡釋，特別是有關夢境修法的內容對照參研一下，人們不難發現，他們的認識層次落後佛法實在太多了。

依靠夢境認識中陰

阿底峽尊者親傳的，依靠夢來回憶前世的修法至今猶存，依此修法，我們即可與處於中陰境界中的眾生碰面、交流。曾經有一位名爲上師日月光的大成就者，就依此法門而與自己死去的弟弟重新會了面，他的兄弟叫多傑將參。上師日月光在弟弟死後的中陰階段中，成功地依靠此種修法了知了他投生的去處。下面即全文引用《夢境中陰聞解脫大生起次第法》中的相關段落，因其對此段經歷有詳細而廣泛的介紹、描述：

頂禮普賢寂猛尊！

豬年冬天，十一月的一個晚上，當時我正在類拉寺閉關。也就是在那一年，茲嘎地方開始流行一種叫做泄血的惡性傳染病，二十多人一下子就被奪去了生命，一百餘人則僥倖脫離危險，並最終得以痊癒。我的弟弟多傑將參當年也不過三十二歲，他和他女兒兩人都不幸死於這場瘟疫中。我閉關時距他的死期也就三個月左右，當我一個人正在進行閉關之際，不知怎的忽然就想起了弟弟。傷心之情不覺油然而生，我不禁想到：他們會轉生到哪裡呢？

阿底峽尊者曾傳下來一個能令人回憶起前生的夢修儀軌，此儀軌所要求的咒語念誦，我以前即已圓滿完成了。爲觀察弟弟的投生之處，我決定在二十一日晚上依此儀軌實修一番。

二十二日黎明時分，我終於感得一夢：夢中的我本在類拉寺裡，後跨過一條大河來到恰那（黑水）地方一森林中。當時那裡聚集著多得不可思議的人群，大家都在嘰嘰喳喳地議論著什麼。我的母親也出現在此處，她似乎比以前還要顯得年輕。多丹、多傑智他和我，我們三個人住在一起。不大一會兒，我就聽見母親對我們三個人喊道：「你們三個不要住在恰那，應前往恰嘎（白水），那裡要好得多。」

她還說：「我馬上就要返回茲嘎，前段時間，茲嘎地方突然冒出來很多盜賊，山羊及其他眾生共有二十來個都被偷走了。尼達你和多傑智他最好先回去，多丹應隨後趕到。就是因爲你們幾個待在恰那，我才特意趕來勸你們走。我平常就對多傑將參很是疼愛，怕怨敵傷害他所以一直巡視不停。現在我又擔心家中遭盜賊搶劫，所以我準備立即過河直奔茲嘎而去。家裡爲防止丟東西，已經請了阿達夏幫忙照看，我想看看他到底做得如何。多傑將參眞是可憐，好的去處已經非常少，他至今尚未找到滿意的落腳點。爲避免他淪落到造惡的人家裡，在未遇到清淨的積善人家前，我要求他務必耐心等待。這次你們要是能夠碰面的話，一定要好好跟他說說。他自己也經常說些很傷感的話，我只好時不時地安慰安慰他。現在我馬上就要回家去，否則盜賊來了就不好收拾了。如果你們兩個碰到他的話，一定要拉著他渡過哲夏洞河，直接趕到茲嘎來。」母親說罷就提前回去了。跨過一條陰山河後，我隨後也向茲嘎方向奔去。

夢中與弟相見

母親離開沒多久，多傑將參就背著一大捆柴火，從不遠處一搖一晃地向我這個方向走來。他手托臉頰，一副悲哀的表情。一邊走一邊不停地唉聲歎氣，嘴裡還不時地哼唱出一曲曲悲歌。我們就在原地等他，多傑一路哀歎著總算走到了近前。對於他的突然出現，我多少有些詫異，帶著驚異的神色我對他說道：「眞是你呀！我還以爲你早就死了呢。你居然又回來了，太好了，我們一道回去吧！最好先到恰嘎那裡去。」儘管說了這一大堆話，但我還是不大敢相信眼前的這個人就是弟弟多傑將參。看到他還活著，我不禁悲從心起，無量的憐憫之意頓時就在心底湧動起來，我半是問他，半是自言自語道：「你是活著與我碰面嗎？」

多傑此時則答話說：「到目前爲止，已沒有我未曾涉足過的地方。與我在一起的朋友大約有一百七十餘萬，其中的三分之二已墮落到深不見底的大黑洞中，另一部分則遊走不定：有些因害怕風雨而跑到森林中去；有些則躲進地洞、岩洞中；我和個別同行者想到茲嘎接受中陰聞解脫灌頂，就是因爲這個原因，我才趕赴這裡。

「一路上母親一直在用衣服保護我們，所以狂風暴雨、嚴寒冰雹才未能傷及自身，我們也未曾進入大洞中去，曾經有一個叫阿克·康巴里的人，當時茲嘎之地的人都勸他不要進入洞中，但他就是不聽，非要進入洞中不可，現在康巴里可能已處於最危險的境地中了。阿多、紐增兩人和我在一起，阿多曾說過：『日月光上師會到我們這裡來，大家千萬別去造惡者的家中，否則一定會沾染上晦氣。』不過話雖這樣說，但要找到積善之家又談何容易，這生當中怕是很難遇到了。現在的我非常失望，如果再這樣拖延下去，我們很可能就要被引入大洞中。以前跟你在一起確實給我帶來了很大利益，現在我已是業障深重、身心骯髒，看來只好隨便選擇一家人投生去了。」

弟弟說完後轉身就走，邊走邊又說道：「餓鬼、旁生、地獄這三惡趣都未去投生，看來現在最大的可能便是前往惡人家中投胎了。」言罷即長歎一聲。正走的同時，他又開始哼唱了起來：「家呀家積善之人家，難呀難大地上難尋，髒呀髒惡人家眞髒……。」他就這麼邊走邊唱著，語調極其悲涼。依然是用手托著臉頰，背上依然背著那捆乾柴，人還是那麼一晃一晃的。我急忙喊住他：「等一等，弟弟！」等他站住後，我又問他：「你碰到過茲嘎地方死去的人沒有？若遇見過，他們都是誰？你們是不是同行？現在他們都到哪裡去了？」

中陰聞解脫法門的重要

多傑一臉落魄地回答說：「今年我碰到過很多茲嘎地方死去的人，有些瞬間就離開了；有些則與我待了將近一天；曾接受過你灌頂的四五個人和我共住了十天左右；還有紐增，她爬過一座山後就走了，不知她現在的苦樂感受又如何；其他人都已了無蹤影，一個一個全都依次消失。不過中陰救度法門，特別是中陰聞解脫法門，人在活著時實在是太需要經常於耳邊聽聞受持了。在我們這些人中，凡是以前聽聞過本法的，基本上都能辨別自己去處的好壞與否。當我們共同念誦起中陰願文時，數十萬眾生開始嗚嗚地放聲痛哭。當時也曾問過他們爲什麼要如此哭泣，他們回答說：『你們眞幸運，能念誦這麼悅耳動聽的願文，還會辨別投生之處的好壞，並能和睦相處、共同起居，這實在令人羨慕。看到這些，我們才傷心落淚，因你們是這樣的幸福，而我們呢？……所以非常希望能將此殊勝大法傳與我們。』

「聽到這一請求，我便將中陰聞解脫法從頭至尾基本上都傳給了他們。那些人事後又問：『當法性中陰來臨時，那麼好的光道顯現在眼前，你們爲何不奔向那裡，反倒要漂泊在此處呢？』我回答道：『法性中陰到來時，光線、光芒、聲音，各個威力都巨大無比，我們當時都昏厥過去了。那一時刻，平日所體認的實相、光道並未顯現出來。我活著時，中陰直指法門只聽過兩次，當法性中陰境界眞的現前、馬上就要認識它的本面時，它卻倏忽消失。如果活著的時候能聽聞三次此解脫法門，那就決定可以認識法性中陰的本性。可惜只聽過兩次，所以把大好時機全給浪費了。因此我才想轉生到積善之家中，故一直在苦苦等待著這一時機的到來。但這種機會實在是可遇而不可求，直到現在都未能如願以償。』」

剛剛講完這番話，弟弟又開始悲哀地唱起：「家呀家積善之人家，難呀難大地上難尋，髒呀髒惡人家眞髒，多呀多惡趣胎門多，怕呀怕懼中陰險途……。」一邊唱，多傑一邊就又背上木柴沿著險惡的道路一晃一晃地走去。

我再次向他的方向追趕過去，一邊跑一邊喊他停下來。等追上他之後，我拉住他說道：「弟弟，不用那麼難過，我絕不會看著你痛苦而不管。煩你給處於中陰境界中的眾生捎個口信，告訴他們在茲嘎地方有一類拉寺，那裡有一名為日月光的大德，他正在給與他同一種族的眾生傳講中陰聞解脫與繫解脫大法，他們也可以前來聽受。你把他們都帶過來，我每天早晨都會不斷念誦聞解脫與繫解脫，同時還要做『食子百法』、『水施』、『中陰水施』，並念誦其他的一些願文，此等功德我都會迴向給他們。」

聽完我的話，多傑稍稍感到一點寬慰，他隨即對我說：「看來，我們茲嘎地方的人大多都已有了好的去處。前段時間與他們分開後，他們因為懂得如何選擇投生之胎門，因此現在來看肯定都已得到了暇滿難得之人身。那些身處中陰身的眾生們都在議論說：『你們茲嘎人眞幸運，不僅有人能對中陰眾生宣講佛法，還了知選擇胎門的方便法，這眞是稀有難得。』他們各個都羨慕不已。茲嘎人中與我一樣未找到善妙去處的個別人，我們大家就圍聚在一起共同念誦『中陰救畏文』、『度脫險徑文』、『供燈文』等願文。你每天早上也應念誦『中陰發願文』迴向給我們，這樣大家一定會皆大歡喜。我非常想得人身，所以才在此等候。當我們這些中陰眾生聲勢浩大地齊聲念誦願文時，以此功德，中陰身的數量明顯減少。以此觀之，也許眾多中陰眾生都已選擇了好的胎門。在中陰境界中，當不同種類的眾生數目多達數十萬乃至上億時，我和藏族的三位密咒士就成爲了其中最負威望者。他們三人曾長時間修持過轉世中陰聞解脫法門，至於我本人，我想這種境遇是我得過很多密宗灌頂的功德力所致。但沒想過好的去處簡直就像如意寶洲一般難以尋覓，而不清淨的所在卻如打開蟻穴、裡面的螞蟻蜂擁而出一樣到處可見。至今我都未找尋到滿意的投生之處，而當初與我在一起的七十餘萬眾生，幾個月前就已各奔東西了。近來則有五百人與我一起繼續觀察、尋找，但我估計在三天之內，他們也都會找到各自的去處，大家那時便得再次各奔前程。

「一般來說，中陰界的眾生只有一個月的時間可以相處在一起，一個月之後，大家便要各自分開，而後又有新的眾生，幾十萬或幾百萬源源不斷地補充進來，他們相處一個月之後同樣也得各奔自己的落腳點而去。現在看來，所有茲嘎人中除我以外都已找到了各人的投生去處，大家全都四散而去，就我一人還在等待。母親說過不要前往惡人家，否則會沾染上晦氣，她交待我在未遇到積善人家之前，務必耐心守候。我也告訴過母親，你老是講些缺乏考慮的話，如果只知道盲無目的地等待，那麼在這一等待清淨投生處的過程中，要是萬一被引入大洞中又該如何對付？每天都有不可思議的眾生被帶到大洞中去，如果我也被他們拉入其中，那時該怎麼辦才好？母親洞悉了我的擔心後就安慰我說：『你未得到清淨去處之前，我一定幫你不墮入大洞中，同時日月光也會將功德迴向給你。因此用不著害怕，也不必悲觀沮喪。』儘管母親這樣說了，但我現在還是感到非常失望。」

感到非常失望的多傑，說罷就又唱起了那首悲歌：「畏呀畏大洞眞可畏，怕呀怕懼中陰險途，沈呀沈木柴太沈重，中陰中失望復失望，家呀家積善之人家，難呀難大地上難尋……。」邊唱邊用手托著臉頰，背上那捆乾柴，長呼一聲之後，多傑又一晃一晃地離開我而去。

眷戀人世，尋覓積善之家

此時的我不禁淚流滿面，揩乾眼淚之後，再抬頭看他，只見多傑還在悲哀地邊走邊唱。我急忙叫住他：「弟弟，別走！我還有事要告訴你。」聽到我的召喚，多傑便把背上的柴卸在身旁的小土堆上，然後就唉聲歎氣地在原地等我。

我急走到他跟前說道：「別再痛苦難過了，我在類拉寺建了一座寂猛壇城，現在我將這個功德全部迴向給你；另外，我曾供養過洛桑格西一個月的口糧，並給過他念經費，請他念誦觀音心咒；還在類拉寺重新召開了念誦觀音心咒的法會……。我把這些善根，再加上自己平生所積的一切善根，全都迴向給你；除此之外，我會讓家人也念誦觀音心咒迴向給你；而且自從你離開人世之後，我們就未再造作惡業，倒是一直在想盡辦法廣行善事，所以千萬不要悲觀失望，一定要繼續找尋積善之家。或者就應以意幻之身將心識完全專注起來，因聞解脫中說過：中陰身之心識專注於何方，彼即生於何方。所以你應將自己的心完全投注在蓮花生大師的銅色吉祥山剎土上，並發願往生那裡。若眞能得到這樣的結局，那該是一件多麼令人快慰的事！」

但多傑聽罷卻對我說：「我活在人間的日子實在太短，這怎麼能讓我滿足？因此我想再來人世，並比此生多活上一些時日。這一切都怪那個掃帚星棠瓊瑪，現在我已重新鼓足起勇氣想再得人身，並力爭轉生到一積善人家。雖說仰仗你們的恩德我平日也很少造惡，但在人間時我卻未能好好修持佛法，現在想來不覺後悔萬分。一想到沒有跟親人們和睦相處、共享天倫之樂，我的心就隱隱作痛。人間闔家團聚和樂融融的景觀，在其他任何地方都無從尋覓。當這一切都在眼前的時候，我卻不知善加利用、珍惜；如今，所有這些曾經有過的美好情感都已不復存在，再想要找回往昔的歡樂時光怕已不大可能。不過無論如何，我都要找到積善之家，這個願望是如此強烈，一直支撐著我等到現在。」

多傑說完這番話後，整個人已是熱淚盈眶、泣不成聲，臉上那種哀怨的神情讓人不忍心再看下去。我趕忙轉換了一個話題：「在中陰境界中，你碰到過你女兒查鶴瑞嗎？」

多傑回答道：「一個月前，在不計其數的中陰身中，剎那間我曾看到過她那張熟悉的臉，但隨後就再也沒有碰到過她。」沒想到提到女兒反而更令多傑傷心難過，他的淚水又一次止不住地流了下來。哀傷不已的多傑隨即便重新背起柴火，沿著剛才走過的道路，一晃一晃地再度出發，奔向未知的前方。邊走邊又唱道：「樂呀樂人間眞快樂，苦呀苦中陰險途苦，短呀短人生太苦短，聚緣少傷心復傷心，小呀小自由天地小……。」他就這麼邊走邊唱著，繼續向前走去。

我再次喊住了他：「等一等，我還有件事要問你。」等他站住後，我便開口問道：「你見過中陰法王了嗎？」

多傑此次則回答說：「尚未見過他。據說如果被引入大洞中的話就能看到他，但我想我還是不進去拜見他老人家爲好。每當要靠近大洞時，渾身上下就像自心裂開一般恐懼不已、痛苦難忍。我還算幸運，有母親保護，別人都是孤孤單單，毫無自由可言。他們在沒有護佑的情況下，身不由己地就被推向大洞中去。大家在臨近洞門口時，各個都嚇得面無血色，驚恐萬分的眾人就如心臟被撕裂般顫慄不止。在洞門邊，很多人都因恐懼而昏厥於地，還有一些則哀號悲泣道：『我要掉下去了……。』隨後便一個接一個地掉進黑洞中。」

多傑邊說邊朝上邊走去，然後又開始唱起那首悲歌：「畏呀畏黑洞眞可畏，快呀快黑業猛風快，灼呀灼業力火灼人，漂呀漂無友獨飄零，留呀留一切帶不走，重呀重業力不堪負……。」嘴裡連聲歎著氣，費盡力氣背著那捆柴，多傑又開始一晃一晃地向前走去。

這回我乾脆追著他跑，追上他之後，我告訴他說：「現在我正在竭盡全力幫助你，你不必太過傷感。而且我已發過願，一定要保證你再獲暇滿難得之人身，且能值遇正法；不僅如此，我們兄弟倆還要再度相見，這就是我發過的大願。因此說你不要再痛苦不堪，因爲我就是你的依靠。再者說來，並非是你一個人需面對死亡，我們倆或遲或早都得迎接這一時刻。非唯我們兄弟二人如是，一切眾生無一能逃脫死主的大網，各個都要感受死亡所帶來的折磨。不要再唉聲歎氣了，應該放鬆、坦然安住，同時猛厲祈禱大悲聖尊觀世音菩薩，還有經常幫助你的母親。你常常提到的母親實際上可能就是你自己的本尊——金剛亥母，因你已得到過很多金剛亥母的修法灌頂。想來你應該了知忿怒母事業的加持力，在整個中陰期間，都是她在護衛你。現在你應如是虔誠祈請聖佛母金剛亥母：『請慈悲垂憐觀照我。』我本人也會於每月初十持續不斷地廣作佛事，並祈禱諸佛菩薩加持、護佑你。」

多傑的心態稍稍平復了一些，他口氣緩和了一點，接著又對我說道：「哥哥，只不過因自性中陰階段對我來說太過痛苦，所以我才把一肚子苦水向你傾吐了半天。儘管嘴上嘮叨個不停，其實我心裡很清楚，比起別的中陰眾生來，我已算是很幸福的了。你做的七世丸火施及念誦繫解脫對我利益極大，而且還饒益了別的中陰眾生。很希望你能把我的骨灰做成小泥塔，同時繼續為我念誦繫解脱並進行七世丸火施，這些以及酬懺儀軌都會對我帶來非常大的功德利益，因此懇請你能精進為我行持下去。」多傑説到這就站起身來，準備走的同時嘴裡又冒出來一句：「戒律呀戒律扔河裡。」

在他説出此話的當兒，我滿懷疑惑地追問道：「這是什麼意思？不要隨便亂講，到底是誰把戒律扔進河裡？」

多傑不疾不緩地回答説：「在尋找投生之處的過程中，有天晚上，我親眼看到三個出家人把戒律扔進河中（意謂捨戒）。」言畢，他便準備過河而去。

就在此時，多傑智他、可愛的多傑，還有我，一行三人不知不覺間就已走過了恰那那片險惡之地，抬頭一看，一片平坦的草原突兀現在眼前。我們三人這時都注意到，平原下方有一位騎著馬的白髮密咒士正向這裡走來，另有一位出家人及密咒士一左一右為他牽著馬，三人漸漸向我們這個方向直逼過來。多傑看到他們後馬上就想跑掉，我一把抓住了他並問道：「你往哪兒跑？」多傑顫顫慄慄地答話説：「那個密咒士會吃了我！我一見他就無比恐懼。」我連忙安慰他：「不用怕！這人究竟是誰？」多傑一臉惶恐地回答説：「他是邦柯樂寺的，名氣非常響亮，我都不敢説出他的名字。」多傑一邊説，一邊由於恐懼而顫抖不已。

再看那個密咒士，也是一身出家人裝束，白髮蒼蒼，身上還披著一件披風。當他最終來到我身邊時，密咒士開腔說道：「日月光尊者，你的的確確是能喝乾大海、吞盡山王的那種人。」我則回應說：「想喝乾大海的貪心，我從未生起過；亦從未傷害過任何眾生。我只是一個吃屬於自己的飯、同時獨自閉關苦修的人，喝乾大海、吞盡山王那樣的重任，恐怕只有你才能荷擔得起來。像你這樣的人說我……。」話說到這裡，我心中忽然生起了佛慢，身邊也突然出現了自稱是我弟子的四位密咒士。他們對那位白髮密咒士說了很多壓制他氣焰的話語，完全站在我這一邊嚴厲指斥他，最後眾人都哄笑起來。他們三人面對這陣勢愈發顯得害羞難堪，就像自我解嘲一般他們最終嘀咕道：「我們到江持去吧。」說完就轉身離開了。我則趁機對弟子們說：「大家一起到恰嘎去！」

就在此刻，母親一邊念著度母心咒，一邊趕到恰嘎河邊迎接我們。一見到我們她就歡喜地說：「我是來迎接你們回去的。」說話的同時，她還不停地用河邊的乾沙子塗抹自身。

大家先後越過一條河，漸漸來到切測山邊，此時的我恨不能馬上就趕回茲嘎……。

正在此時，我忽然從夢中醒了過來。清醒的同時感到身體一陣陣顫慄，再定睛一看，才發覺自己早已是淚流滿面。傷心難過之餘，我立刻開始念誦聞解脫與繫解脫，並發下許多誓願，還念誦了迴向文，以期能對弟弟帶來實際利益與幫助……。

再次入夢

大概一個月之後，亦即十二月的十一日晚上到第二天黎明，我又作了一個夢：

地點好像是在約當山谷，當時我正向山中走去。忽然，從對面蓊蓊鬱鬱的森林中傳過來一陣陣砍伐樹木的「咵咵」聲，循著聲音，我一步步摸到近前，結果竟發現多傑將參正賣力地劈著油松。不勝驚訝的我禁不住沖他大喊起來：「喂，多傑！你在這裡幹什麼？怎麼還沒找到投生之處?!」

滿頭大汗、氣喘吁吁的多傑上氣不接下氣地回答我說：「投生之地原先倒是找著了一個，可惜就是離家太遠，所以後來我就放棄了，因我對自己的家鄉十分留戀。」

聽到他的回答，我一時不知說什麼好，又看到他在劈油松，我便問道：「你劈這個幹什麼？」

多傑擦了擦臉上的汗，然後告訴我說：「無論走到哪裡，我都害怕身處不見天日的黑暗中，因此我才劈油松用以照明。」

這時我已整理好自己的思路，於是便略帶責怪地對他說：「你爲什麼不趕快去投胎呢？爲何還要待在這裡浪費時間？難道你自己一點也不著急？聞解脫中早就明示過了，在中陰階段，有多種不同的選擇投生處所之方法，諸如如何選擇清淨空行剎土或選擇有垢染的輪迴胎門，這些內容要點你如今還能憶念嗎？若聽從我的建議，那你大可不必選擇再入輪迴之泥淖，因輪迴本身一定會令你痛苦不堪。你實在應該將心專注在西方極樂世界，或其他佛國剎土上，以求儘快往生那裡。如能如此行事，則你肯定可以得到解脫，因你現在已沒有了肉身，只剩一個意生身而已，憑藉這個條件，你可以輕而易舉地轉生到任何你欲往生的剎土，在這一過程中，沒有什麼障礙能阻擋得了你。現在，我自己的肉身還留存在人間，此刻的我只是夢境幻化身，而你又是中陰意生身，故我們倆都是借助幻身而存在。如果我們碰一碰手就會發現，一絲一毫的觸受都不會發生。你若不信，我們現在就試試看。」

說罷我即把手伸向多傑，但驀然間，我們倆全都被發生在眼前的事實搞懵了——簡直令人不可思議，兩雙手在接觸的剎那，根本沒有無礙，相反，實實在在的與肉體實際接觸一模一樣的感覺倒讓我震驚得啞口無言。多傑立即不以爲然地嚷嚷道：

「不對，不對，明明有眞實的感覺嘛！」

深覺詫異的同時，我暗自思量道：這是怎麼一回事？毫無疑問，我現在是在夢境中，而弟弟更已死去多時，生者與死者在此山谷相見，握手時怎麼可能會有觸摸感呢？這一切到底是什麼原因造成的？這一切到底是眞是假？……

錯亂的習氣難以消盡

再看看弟弟那張我早已熟悉的面龐，而弟弟也目不轉睛地看著我，一種共同的預感開始瀰漫在我倆心間：這可能是我們兄弟的最後一次相聚，以後怕是再也難以碰面了。在這種情緒籠罩下，我們相互端詳了許久……。

唉！我終於無奈地認清了一個事實，無始以來，眾生自相續中的我執習氣根深蒂固，非常難以摧毀，這就是凡夫身陷輪迴的最主要原因所在。

反覆審視之後，我們兄弟倆都體認到：當虛幻的中陰意生身與虛幻的夢境幻化身相遇時，兩種幻身還是能夠感受到對方的存在——比如一握手就會產生眞實的觸摸感。所有這一切都在向我們表明：執著顚倒、錯亂的假相之習氣，實實在在是太難消盡了。明白了這一點後，一種莫可名狀的恐怖感頓時從內心生起，我開始迫切、猛厲地祈禱起上師三寶的加持與護佑。

多傑接著又與我交談起來：「我原先也想往生到某一個佛陀刹土，但這樣的念頭只要一生起來，我就會感到相當恐懼，這可能是業障所致吧。不過我確實不想到地獄、餓鬼及旁生趣中，而且去這些惡趣的因緣好像也並不具足。不管怎樣，我還是希望能再得一次人身，因爲我總感覺自己在人世的存活時間非常短暫。坦率地說，得到一個暇滿人身比往生佛刹更能令我心滿意足，這個願望早已牢牢佔據了我的腦海。」

聽到弟弟說出這番話後，我的感覺只有用「無奈」二字來形容。無計可施的我只得對他說：「佛國剎土才眞正具足無量功德利益，那裡無比殊勝的吉祥安樂又豈是人間所可比擬！這麼好的去處你不願去，反倒要自甘沈淪、心甘情願地再回五濁惡世的人趣中打轉轉，這不是業障又是什麼？既然如此，我也只能悉聽尊便，但好歹還可以幫你一下，現在我們就去尋找一户清淨的積善之家吧。」

我帶著多傑首先來到山谷中的一處地方，那裡有一座三層高的樓房。指著那幢房屋我責問他道：「你老是埋怨說找不到投生之地，這不剛好就有一個嘛，咱們趕快進去吧！」誰料他卻興味索然地搖搖頭說：「像這樣的投生地簡直多如牛毛，要是對它們滿意的話，我也不至於等到現在。我不想去這種地方。」弟弟既然這樣說了，我只好隨順他道：「那我們就再往前走走吧。」

離此不遠處，我們又發現了一座房屋，於是我便對多傑說：「不知道那裡會怎樣？咱倆乾脆從房子後面爬上去看看。」說罷我們就開始攀著房後的石縫一點一點向房頂爬去。來到屋頂後，發現在天窗下面有架梯子，順著梯子我先往下走去，然後就招呼多傑說：「我進去先看一看，你隨後就下來。」但多傑卻並未對我的建議表示出太大興趣，他從上往下探視了幾眼，神情似乎略帶不滿，因而人並沒有緊跟著下來。

我獨自一人爬下一個樓層，到了第二層時，才看清楚此層房間全都是空的，似乎從沒有人入住過。而且房間的柱子也有些翹裂，屋樑亦搖搖欲墜。再往下行進，進入第一層之後，發現這裡滿地都是污泥雜草，中間還夾雜有塊塊腐肉、纍纍白骨以及很多動物的腸子，整個地方污穢不堪、血跡斑斑、腥臭撲鼻。更可怕的是，牆上竟還黏有許多胎盤膜……。所有這些烏七八糟的東西一下子全都撲到了眼前，讓我陣陣反胃、噁心不已。

深恐染上晦氣，加上又快要吐出來，我急忙跑向一個小門洞打算從那兒逃出去。腦袋裡蹦出這個念頭的同時，我又想到了多傑：弟弟要是投生在這樣的污穢之地肯定不會有好的來生，我一定要設法再幫他找一個理想的去處。

就在此時，多傑將參已從樓上爬了下來，當他走到房子邊上時，嘴裡又開始哼起那首悲歌：「髒呀髒惡人家真髒，家呀家積善之人家，難呀難大地上難尋，苦呀苦中陰險途苦，小呀小自由天地小，走呀走漫漫無邊路……。」歌聲漸遠漸小，我的弟弟多傑將參逐漸向遠方消失而去。

看到他離去，我的內心就像火燒火燎一般焦急難耐，眞想衝上前去安慰他，並幫他繼續找尋，怎奈那個門洞實在太小，根本容不得我出去，我只能聽著多傑悲哀的聲音一點一點消盡在遠方。最後，我奮力掙脫到門外，剛一出洞，我立刻大喊道：「多傑將參！多傑將參！多傑……將參……！」但這一切都爲時已晚，他再也聽不到我的呼喚了，我只能聽任他從我的視野中徹底消失！

此時的我心中悲痛無比，眞實無僞的大悲心自然而然就生了起來。唉！可憐的弟弟，這次遇見他根本就沒來得及好好與他敘談一番，都怪這個骯髒不堪的破房子！不過，剛才若沒有鬆開他的手，這種結局又何得發生？說來說去還是怪我，現在又該到哪兒去找回弟弟呢？也許以後再也見不著他了。但不管怎樣，我還是要竭盡全力找尋他，一旦發現他，一定要詳細詢問他的處境及近況，並想方設法用佛法打動他，幫助其往生佛國刹土。如果做不到這一點，那最起碼也要助其找到一積善之家，……。一想到他的憂苦，傷感之情就難以自抑；對他本人來說，切身感受的痛苦更是何堪忍受啊！

呼喊著他的名字，打算馬上就去找他……。就這樣，喊著喊著，我從夢裡就驚醒了過來。醒來後，我便將此夢境完整記下並整理成文，希冀一切眾生均能從中獲益。

事情後來的發展是這樣的：多傑將參最終還是得到了十八暇滿之人身，隨後即開始精進修持聞解脫法，並將此法之傳承接續了下去。

嗚呼悲哉中陰諸眾生，唯有感受痛苦無安樂。
俱生骨肉紛紛離散兮，親友財物飲食無一留。
獨自承受細微惡業苦，中陰眾生痛苦不堪言。
未能了知自性眞可悲，如是眾生無依亦無怙。
寂猛聖尊大悲恆觀照，願中陰眾生獲其果位。
上述宣說夢境經歷語，乃吾親遊中陰界後造。
絕非不了義之方便說，爲利一切有情而著文。
願諸眾生皆識自本面，願中陰痛苦均得解脫。

日月光尊者宣說夢境經歷終。

上文所描述的是依特殊方便法，値遇尚未獲得後身之中陰眾生的一種經歷。不過，若就普遍情況來說，佛經中曾指出過，凡夫死後之中陰身，只具有往昔習氣之增上力，就像夢中做夢一樣，一般而論，直接相遇的事並不可能普遍發生。有些人會採用像我們熟知的降神法那樣的法術去勾招亡者的靈魂，並與之對話，這種做法也並不罕見。這些人都認爲他們是在與眞正的靈魂溝通，但事實眞相卻是：這些能與之交流的靈魂並非一定就是亡人的靈魂，此種現象就像在密勒日巴尊者師徒前勾招亡人魂靈、且爲之灌頂的苯教修行者一樣，（其實他勾招過來的根本就不是那個死者本人的神識。）因眾生依憑各自業力，在死後全都已按自身的業果軌道，步入各自的六道輪迴之趣，此等道理在《如何投生經》中有詳細廣說。有興趣者不妨自行深入研讀，此處就不再贅敘。

◎一身擁有多心識及一心遷往另一身

眾多佛教經論中都再三說過：「身如客舍，心似旅人。」的確，我們的身體先是在某一個地方成形、誕生，但這個血肉之軀最終又必定分散乃至徹底消失。而心識的特點卻與肉身有所不同，它從別的地方遷移而來，暫借某一個肉身假合而住，一直住到此靈肉結合體再次分崩離析爲止。身體消失、毀滅後，心識又遷往別處。在此種境況下，心身之間的關係就是能依、所依的關係，換句話說，也即如同客人與客舍之間的關係一般。身體毀滅之後，心識並非隨之而斷滅，它就如遠道而來的客人似的，短暫停留之後還得繼續自己未竟的旅程。

而有些活者的身體卻可以被其他眾生的心識所佔據，此時雖說軀體依舊，但其心相續已發生了完全的變化，另外一個人的思想、靈魂、意識正指揮、駕馭著被佔據的身軀。還有一種現象也時有發生，即某些人死後，其他人的心識又借屍還魂，於是這些人便再度得以復活。不過儘管肉身還能恢復如初，但其性格、行爲特徵已是今非昔比，與原先相較不啻有天壤之別。這些現象之所以發生，有些是因業力的異熟果報所致；還有一些則是修行人依靠特殊的修行法門，將自己的心識遷移到別人的軀體中所致——此則名爲「奪舍法」。不光是佛教，連很多外道都有此種修行法門。

心識被佔據的故事

下面的事例取自臺灣《今日佛教》雜誌，內中非常形象地描述了一個人的心識轉移到另一個陌生人身上後，種種不可思議的景觀、變化發生的過程。

《今日佛教》雜誌社記者李玉小姐，曾到臺灣麥寮地區專程採訪過此一事件的主人翁及當事者。她將親眼目睹的事實完整、客觀地記錄了下來並整理成文，因而所撰文章有極強的眞實感與可信度。這裡，我將她的文章內容概括歸納後向讀者朋友們作一簡略敘述：

今年（一九六一）二月間，星雲法師應邀到虎尾講經，煮雲法師也一同前往。有一天，兩位法師再加我們幾個居士一起到虎尾紫雲寺參拜。在那裡，我們聽說，麥寮地方有位女人的身體被另一位來自金門的婦女控制著，金門女人的心識在進入麥寮女人的軀體後，便一直掌控著她的所言所思所行。聽到這一消息後，我們立即決定前往麥寮專訪這一事件的主人翁。

這位神秘女人的家就在麥寮中山路上，門牌九十五號的這間庭院就是她——吳林罔腰女士與其丈夫吳秋得的住地。到她家時，吳太太剛好下田去了，開著一家建材行的丈夫在得知了我們的來意後，滿臉的爲難之色頓時顯露出來。經過再三詢問，他才無可奈何地講述了一些相關情況：

「一九五九年時，因爲經營建材生意，我參加了台西鄉海豐島的建築工程。那段時間我很少回家，基本上都住在海豐。但每次回家時，我太太都犯病，我一回海豐她的病就會好些。等到海豐的工作結束、我徹底搬回家住時，她的病就一發而不可收拾了。其實她也沒有別的什麼致命毛病，就是精神不正常，鬧到最厲害的時候，我們幾個想合力壓住她都壓不住。本來是想把她送到精神病院的，但她自己不願意去，還大聲嚷嚷著：『不要抓我到精神病院去，我沒有神經病，我是金門人，叫朱秀華，我借用了別人的身體，我自己的心現在就依靠這個身體活動……。』我太太本來叫林罔腰，但她居然說叫什麼朱秀華，還三番五次地這樣說，並且連說話的口音也完全變了過來。我怎能相信自己太太的身體已經被另一個人的靈魂佔據?!我實在無法相信這樣的事情。這個世界上竟然會有這種事發生，而它偏偏就發生在我家！無論怎麼想我都想不通這一切到底是因爲什麼？」

說到這裡，吳先生不願再往下敘說了，於是就借著給客人倒茶的機會結束了與我們的交談。而他的外甥此時則接上了話：「面對舅媽變成另外一個人的事實，我們全都束手無策，只能暫時性地給她治治病。剛開始時，大家都覺得非常不方便也不自在，每當舅舅喊她『阿罔』時，她都會說：『我叫秀華，不叫阿罔。』而當她（吳林罔腰）的姐姐和媽媽來看她時，她卻愣愣地說：『我不認識你們，你們是誰呀？』當然，我們的鄰居她就更不認識了。以前舅媽只會燒燒飯，其餘的事情一點也不會做。可是現在的她和以往大不相同，煮飯倒是不會了，別的諸如下田等粗重活卻全都嫻熟掌握。另外，過去的舅媽魚呀肉呀的統統都吃，如今別說吃了，連碰都不願碰一下，這兩年多來，她都是和家人分開吃飯。不僅如此，她的口音也全部變成了金門腔。還有一件事也挺奇怪的，舅舅住在海豐的那一陣子，當地人經常看到有個女人跟在他後面。』」

說到這裡，陪我們前來的許先生告訴我們說那個女人已經回來了，但她不肯進來，只是躲在屋外暗自啜泣。我想我們的來訪可能深深刺傷了她的心，她並不願意再回首往事，把那些只屬於朱秀華的記憶和盤托出給我們。經過再三勸解後，她才答應好好跟我們談一談自己的經歷，因她終於明白我們並無一絲一毫的惡意。不過那天她只斷斷續續地告訴了我們一點點有關朱秀華的資訊：

「我家住在金門的新街，父親叫朱清海，母親叫蔡葉。十八歲那年，因爲金門有炮戰，所以我就跟著別人坐漁船逃難。後來，因船在海上漂流太久，大家又都沒有糧食，於是一個個都相繼餓死了，最後我也昏了過去。不知道過了多久，漁船順水漂到台西鄉附近，我被一個漁夫搭救了。誰知他只是搶走了我的全部錢財，然後就又把我推到海裡……。」

說到這裡，她就掩面跑回屋去，雖說我們還想多知道一點，但見她如此悲傷，便也不忍心再追問下去。因爲時間已經不早，大家還要趕回虎尾，於是衆人便起身向主人告辭。臨走時，我答應如果有機會還會再來麥寮，並送給她一串念珠。

在送我們去車站的途中，許先生告訴我們說：「朱秀華本來是可以活命的，當她被漁夫救起的時候，曾哀求那人說：『只要能救我的命，做您的太太、兒媳婦，或者婢女都可以，而且船上的金子都可以送給您……。』可是那個漁夫太沒有良心了，竟然搶走了金子，然後又把人推下了海。但他究竟不能安安穩穩地享用這些不義之財，後來聽說沒過多久，這家人就一個接一個地死去，現在只剩下一個得精神病的孩子，而且瘋得很厲害。唉！佛教說的因果報應實在是一點也沒錯。」

說到這裡，他向我們掃視了一下，接著便又說道：「說起來也眞是怪，當朱秀華剛剛復元後，有人把這消息傳到台西鄉，台西鄉的人知道了這回事後，各個都感到很驚奇。有些人知道，多年前瘋子的家人曾害過一個女孩，於是便特意把瘋子帶來看看朱女士。想不到他才到門口，朱女士就不允許他進來，而且還哭著說：『你們家裡人害我還不夠嗎？你還要來引我傷心！』以前，阿罔從未到過台西，而這瘋子來的時候也並沒有提前通知，但朱秀華就知道這些，這不是很奇怪嗎？……」

今年七月間，熊炬明居士來虎尾教蓮友們唱佛讚，一次閒談中煮雲法師又提起朱秀華借吳林罔腰之身軀以還魂的事，熊居士聽罷立即要求前往麥寮深入調查此事，而我也因爲前次曾答應過要送給朱女士一串念珠，故亦當即決定陪同熊居士共訪麥寮。

熊居士曾在金門待過一段時間，因此對金門的一切都非常熟悉。路上他告訴了我許多關於金門的掌故，諸如金門的建築物、農副特產以及風土人物等，這些都是和朱秀華見面時的談話資料。

我們去的那天天氣很壞，一路上都在下著濛濛細雨，還好，車到麥寮時，雨終於停了。也就是因爲剛才那場雨，朱秀華才沒有下田。我把帶來的念珠送給了她，然後就開始閒聊起來。有了上次的經驗，這回我就先從她信佛的問題談起。朱秀華對此回答說：

「我自小就信佛，而且一直茹素，現在不管工作有多忙，早晚的拜佛一天也沒落下。我知道，佛說的話一點也不會錯，一個人只能做好事，決不能做壞事，否則一定沒有好報。」

我趁機問她：「您說您小時候就信佛，那麼當時金門有沒有佛堂？」

她思索了一下後回答說：「我不知道，不過我們家裡一直供奉著觀音佛祖，平常我都是在家裡禮拜，全家老少也全都拜佛。」

看到她願意與我們敘談，我便小心翼翼地轉換了話題：「您現在還記得金門的事嗎？」

她歎息了一聲說道：「唉！記是記得，但事情已經過去了，還談它做什麼呢？」

「如果現在有人要幫您找您的父母，您願意嗎？」我接著問道。「當然，我會很高興，可有誰願幫我找呢？而且即便找到他們，他們恐怕也不會認得我了。」她的臉上泛起一絲苦笑，然後又接著說：「我現在的身體已不是當初離開金門時的肉身了。」說到這裡，她雙唇緊抿，眼圈開始發紅，但她盡力克制著不讓眼淚在客人面前掉落下來。

我指了指坐在一旁的熊居士說：「這位先生在金門住了很久，而且他也信佛。他知道很多金門的事情，同時還有一大幫朋友現住金門。如果您願意，他可以幫忙打聽打聽。」聽到我的這番話，她的眼圈又紅了，有很長一段時間都低頭不語。我試探性地又說了一句：「如果找到了父母，您就可以回金門與他們團聚了，要是回去的話，您還能認出他們來嗎？」

「當然能！如果可以回去，我倒想讓您陪著好好轉轉，您敢去嗎？」說這話的時候，她的眼睛忽然亮堂了起來，直盯盯地看著我，似乎在等待我的回答。

「沒問題，我本來就想到金門走走，要是能陪著您，那就更好了。」說到這裡，我便請她談一談自己當初離開金門的具體經過，此時，朱女士的記憶像是被啓動了，她開始痛痛快快地講述起自己的那段經歷：

「事情發生的具體年月我已記不清了，反正那年我剛十八歲。當時因爲有謠傳說駐紮在金門的軍隊要撤退，所以很多老百姓都紛紛乘船逃難，我也帶了東西跟著別人一起上船。可能是太匆忙、太慌亂的緣故，我附搭在別人的船上倉皇逃離，並沒有跟爸爸他們在一起，當時根本就沒想到這一次分手竟會是永遠的訣別。我們逃難那天，大陸的炮轟得很厲害，狂風四起，巨浪排天，我勉勉強強上了船。駛至大海深處以後，大家都不知道該往何方前行，因平常這些漁民都只在近海捕魚。迷失了方向後，輪船隻能順水漂流，許多天之後，很多人因受不了饑餓一個個都相繼餓死。我倒沒餓死，但也痛苦不堪。就這樣漂呀漂，也不知道過了多少時日，我們這艘船還是在近海附近盲無目的地打轉。後來總算有漁船靠過來了，有人發現了我後，就把他們的船靠近，並把我從昏迷狀態中弄醒，然後我才知道這裡是臺灣的台西鄉。接著我便把自己漂流的原因原原本本告訴了他們，但不曾想，後來……。」

說到這裡，朱秀華的眼眶上已掛上了兩顆晶瑩的淚珠，但她很迅速地就把淚抹去了。我再次打斷她的話問道：「聽說他們奪走了你的錢，又把你推到遠海中去，所以這家人後來全都死光光了，現在只剩下一個患神經病的孩子，這一切是不是因爲你……。」

結果這次還沒容我把話說完，她就搶過話頭分辯說：「想不到你也聽到過這種說法，其實這完全是誤會。船上的那些黃金並不全是我一個人的，很多逃難的人都帶了金子隨身。他們奪去了黃金，全家人因此而死光光的確是事實，不過這並非是我造成的。我雖然覺得他們沒有良心，但我是信佛之人，不願也不會與人結仇，那應該是與我同船的人打抱不平的結果。」

我又問她：「那麼在沒來吳先生家以前，您一直住在哪裡？」

提到這個問題，她顯得有些不好意思，但最後還是回答說：「我一直住在台西鄉的海豐島，那裡滿都是綠色的樹木、綠色的海，美極了！我在那裡住了不少年。」

熊居士按照朱秀華的說法進行推測，推算出她大概是於一九五四年逃難的，因那次曾有許多人看見軍隊在運送火藥箱到海濱，所以他們就稀里糊塗地在大陸的炮轟中冒險逃出金門。我把熊居士告訴我的情況向朱秀華描述了一番，她回應說：「我就是在那種情況下逃出來的。」接著，我又問了許多金門的風俗民情，想不到她講出來的居然和熊居士所說的情況完全吻合。

不知不覺地，時間就在我們的談話中悄悄溜走，我想該是我們告辭的時候了。臨分別時，我請她和我合影一幀以爲留念，她好像有些爲難，後來還是吳先生與吳太太所生的兒子吳勝彥先生說動了她，她才點頭同意。從她家出來後，吳勝彥先生特意送了我們一程。路上我又問他了一些有關朱女士的情況，他補充說明道：「我媽媽從小就生長在麥寮，從未去過金門或台西。她生病後完全就像換了一個人似的，我實在有些難以相信。雖說身體仍是媽媽的，但她卻堅持說她不是阿罔，親戚朋友們來探望，她一個都不認識，甚至連外婆和姨媽也認不出來。大家都對這件事深感吃驚，我心裡自然也有一種說不出的滋味，眞不知該怎麼稱呼她才好。」

說到這裡他不覺停了下來，我趁勢追問他：「那你現在到底怎麼叫她呢？」

「當然是叫媽了，我還是拿她當自己的媽媽看待。」

「那你相信靈魂遷移這回事嗎？」我繼續追問。

吳勝彥先生不勝感慨地回答說：「以前是一點也不相信，但我媽媽從來沒去過海豐島，可她現在居然能把海豐島的情況說得一清二楚，這讓我對靈魂遷移之類的事情不得不重新考慮一下。還有，一九五九年時我曾參加過在菲律賓舉辦的一個夏令營，與我在同一小隊的有個來自金門的營友，他說話的腔調與我大不相同。等我回來後，正趕上媽媽生病，後來她的病好了，但講話的口音卻變得與那個金門人一模一樣。而且她還能說出很多有關金門的故事，所以我現在越來越相信她是金門人這一事實。」

採訪進行到這裡就算圓滿結束了，把這個故事記錄下來並呈現給諸位，目的絕不是想讓大家都以獵奇的心態從中覓得所謂的好奇感、新鮮感。我非常想用這個事例告訴天下眾人：佛教所謂的六道輪迴、因果業報的道理確確實實眞實不虛，不管你

能否從內心領受、接納它，它都無欺、普遍地時時刻刻存在於我們生活的每一寸空間！

這則發表於臺灣《今日佛教》的報導是根據眞人眞事記錄而成的，成文時當事人還健在，一切目擊證人及材料俱完整無缺。由此觀之，這篇公之於眾的文章理應值得信賴。與之相同，美國有一名爲露蘭西的女孩，其身體也曾被別人的心識佔據過。一八七八年，家住伊利諾州的少女露蘭西有段時間經常陷入精神恍惚的狀態，有次清醒後，她忽然說自己是住在附近的洛夫夫婦的女兒瑪麗——但瑪麗已於一八六五年因癲癇症離開了人世。露蘭西吵著說要回瑪麗的家，她父親沒辦法，只好打電話給洛夫先生。後當洛夫太太帶著小女兒前來探望「瑪麗」時，露蘭西在窗口一看見她們，立刻興奮地說：「我媽媽和妹妹來了！」等她們進得家門，她忍不住馬上上前擁抱兩人，且激動得熱淚盈眶。幾天後，思家心切的露蘭西終於如願以償地搬回瑪麗的家，當洛夫夫婦向她尋問起有關瑪麗的一些兒時生活細節時，她將無數的與瑪麗相關的生活瑣事全都準確無誤地告訴給自己的「眞正父母」，這一切使得洛夫夫婦不得不相信，眼前的這個女孩就是自己的愛女瑪麗的「再生」。但露蘭西卻說自己只能跟他們住到五月份，結果到了五月二十一日這天，在擁抱、親吻過洛夫夫婦之後，她眞的就開始返回露蘭西的家。在途中，「瑪麗」就消失了，她又變回以前的露蘭西。

一九五四年春天，印度一個名叫雅斯伯的三歲半男孩因天花而夭折，當其家人正準備處理孩子的屍體時，不曾想小孩在第二天的清晨卻又奇蹟般地復活了過來。父母在喜不自禁的同時也驚訝地注意到，孩子儘管復活了，但他的性格、行爲卻發生了一百八十度的大變化：以前的雅斯伯反應非常遲鈍，性情木訥、溫和；而今，他不但聰明伶俐，心情也日漸活潑、開朗起來。但他卻不再承認自己是什麼雅斯伯，反而說他的名字是索伯哈，家住維西地（離雅斯伯家約二十里）。他吃了被下毒的食物後，就從馬車上跌下來，並終因摔破腦殼而死。這個索伯哈又說自己本是婆羅門種姓，因而不願與屬於農民階級的雅斯伯一家人同桌吃飯。雅斯伯的父母起初並沒有把索伯哈的話當眞，不過，他們後來還是特意在附近地區專門請了一位婆羅門種姓的女人給他單獨做飯，照顧他的日常起居。

一九五七年，從維西地來了一名婆羅門種姓的婦女，孩子一見她就喊嬸嬸，所有人都對此大感震驚。於是小孩便被帶到維西地接受觀察，結果他不僅對自己的住家瞭若指掌，更認出了索伯哈一家老小全部的家庭成員。人們反覆、再三的觀察、證實之後，人們發現索伯哈死亡之時正是雅斯伯復活之刻，面對這一結果，兩家人遂一致認定索伯哈的心識確確實實已遷移到雅斯伯身上，這兩人現已身心合二爲一。從此之後，雅斯伯便擁有了兩個家庭，他也常常在兩家之間來回居住、生活。

馬爾巴之子的奪舍法

以上所列舉之事例，充分說明以前世業力等因緣感召，一些人的意識往往可以轉移到別人身上；還有一種情況也值得注意，即一些修行人通過特殊的修行法門，也可以將自己的心識遷往別的眾生身軀之中，此則名爲奪舍法。大譯師馬爾巴之子達瑪多德就曾修煉過此種大法，此中詳情見於《馬爾巴傳記》中：

（達瑪多德從馬上摔下來後已氣息奄奄，）眾人急忙將之迎至屋中，馬爾巴佛父佛母及眾弟子立即圍聚過來。年瑪華木等對上師有信心之弟子見狀即祈請達瑪多德道：「爲利益眾生，請上師立刻修奪舍法。」達瑪多德則回答說：「如果你們欲令此不修即能成就佛陀果位的奪舍法廣弘於藏地，即應爲我找來一未受傷害之男童屍身，如此方能完成奪舍。」弟子們聽罷立即四下尋找，無奈因在藏地弘傳此法的因緣、時機尚未成熟，故無論如何努力尋覓，身體未受傷害的男童屍身始終也未能找到。

其中有一密咒士弟子發現了一具老婦屍體，他便把此具屍體拿到上師面前，請其以此屍身完成奪舍。達瑪多德則拒絕道：「我將心識移至此婦人身上如何能廣利有情？我不想在她身上修奪舍法。」一牧羊人弟子隨後又在一間破舊殿堂裡找來一具死鴿屍身，此鴿乃因被鷂鷹追逐才斷氣而亡。弟子將鴿子屍體呈給上師，並祈請上師將自身心識移至此鴿身中。達瑪多德再次拒絕道：「將意識遷移到旁生身中，如此行事亦難廣利眾生。成為比此生的我遠為低劣之眾生，此等做法價值何在？故我不肯將心識移至鴿子身中。」

此時，達瑪多德門下個別弟子，包括那個牧羊人弟子開始對他生出邪見，他們妄加議論說：「馬爾巴所謂一生成就、不修成就之教言均乃戲論，目前，他之所作所為皆如幻化魔術，只能以此瞞人眼目而已。」達瑪多德聞聽之後就正告此等人道：「從印度翻譯過來的種種修法豈能有假，我父親親口所傳的殊勝法要又怎會荒誕不實。希望你們萬勿對上師生起邪見，如果確已對上師生起此種邪見，則此類人必墮惡趣之中。現在為昌隆佛法，尤其是為澄清我父所傳妙法之本來面目，亦為使你們不墮惡趣，我就將自心遷入此鴿身中。」隨後他又說道：「現在我已安住於生起次第之境界中，不過最好能將生起次第轉為圓滿次第，然後再行奪舍。若於生起次第之境界中即開始遷移心識，則有殺害本尊的過患，因此我需首先將生起次第歸攝為圓滿次第。你們現可將鴿子屍體擺放在我枕邊，並應獻上大量供養。」

如其所說，眾人開始行廣大供養，而達瑪多德在生起次第之境界現前時，竟將九萬本尊——喜金剛全部一一現出，所有在場凡俗人眾皆親眼目睹。當他將生起次第攝受於圓滿次第中後，即開始正式施行奪舍法。達瑪多德在遷移心識之過程中，諸如身相、神色等外在顯現全部消失不見，此時鴿身開始輕微抖動；最後，鴿子竟從枕邊站起，抖摟身軀後，就以頂禮之方式右繞佛父佛母三匝，接著便向卓沃龍山溝飛翔而去。

馬爾巴此刻則對鴿子說道：「兒啊，勿飛往卓沃龍，還是飛回來爲好。」聽到父親召喚，鴿子立即掉頭飛回，它在右繞殿堂後旋即直接落在佛父右肩之上。此時佛父告訴佛母達美瑪說：「現在該輪到我們祈請鴿兒了，你把它迎請至佛殿中獻上供養吧。」於是眾人邊將鴿子迎請進佛殿進行供養，邊建造茶毗所需的焚屍亭。俟亭子修建完畢，所有大弟子均前來參加茶毗大典。典禮舉行當中，四面四隅同時現出八道不同光線，空中傳來天人、非天以種種樂器彈奏而出的美妙樂音，並降下各種花雨，這一切都爲現場眾人共同耳聞目睹。

鴿子此刻又飛翔於空中條條光道之中，馬爾巴則對它喊道：「兒啊，你還是轉繞亭子吧。」鴿子聞言馬上圍著亭子開始轉繞，在座信眾各個均感稀有難睹，他們對上師父子紛紛生起了如對佛陀一般之信心。此時佛母不知從何處突然冒了出來，她一下就直奔焚屍亭撲過去。僧人們急忙攔住她，而達美瑪卻說：「你們阻止我跳進焚屍亭，但總該讓我轉繞亭子吧。」她邊哭邊絮叨不止，眾弟子只好守護著她轉繞亭子。以此爲因緣，羅劄地方所有聚集於此的人都開始哭泣。

茶毗、供養剛剛結束，馬爾巴隨即入定觀察，他想知道此鴿之利眾事業到底可在何方展開。觀察後得知，在印度才有鴿兒的所化事業。他遂令眾人繼續供養鴿子，並向他們宣說了鴿兒將前往印度的教言，末了又當眾令其飛往印度。

不大功夫，馬爾巴又開始入定觀察，稍頃即對達美瑪說：「達美瑪，你把舊供品收回，再獻上新供品，看來我們的兒子已經迷路了。」他邊說還邊拍掌，隨即又蒙頭開始入定。下午時分，鴿子終於精疲力竭地飛了回來，力氣耗盡之後，它就直接落入馬爾巴懷中。佛父此刻則對眾人說道：「今晚應將它迎請進佛堂，再次對它行廣大供養。」眾人聽罷即如是照做，迎請後即對之獻上大量供養。

第二日清晨，眾人又匯聚一處迎請此鴿，馬爾巴此回則對鴿兒諄諄叮嚀道：「兒啊，你昨天的路線實在沒有走對，如果沿著如毒蛇一般的左山繼續前行，你一定會步入外道之區域，因此萬勿重蹈覆轍！而右山則如酣睡之大象，這才是你應走之道路。沿著右山一直走到盡頭，山盡處會現出一本尊光道，循之繼續前進，即可進入清涼屍陀林。在那兒，你會碰到一具十三歲的婆羅門子屍體，那時你就可將自己心識遷移過去，以此即可利益眾生。」

鴿子聞言隨即右繞父母三匝，轉繞之時，牠三次點頭曲頸，似乎在以此方式向父母頂禮。接著牠便按照父親教言直竄空中，向著遙遠的印度一路飛翔而去。眾人親睹之後各個悲戚傷感，大家都流下了難過的淚水，並自然對奪舍法生起了眞實無僞的巨大信心。眾人終於意識到，馬爾巴譯師確實已與佛陀無二無別。

那只鴿子遵循父親的指示，最後終於順利抵達了清涼屍陀林。到那裡之後，恰遇有人正拉著一對婆羅門夫妻早夭兒子的屍體前來天葬。眾人七手八腳忙著卸下屍體時，鴿子飛臨近旁並立即開始施行奪舍大法。當牠成功地把心識遷入男孩軀體後，剛剛還是僵屍一具的男孩肉身竟自動站了起來，周圍人眾一見頓時恐慌不已。而達瑪多德因在世之時仰仗父親恩德對印度語多少懂得一點，故此時就用印度話對圍觀者說道：「我非僵屍，而是自己再度復活。」完後又對眾人說：「我們回去吧。」大家一聽方才打消了剛才的恐懼，眾人一邊嘖嘖讚歎稀有罕聞，一邊歡天喜地地擁著他一同向家中走去。路上碰到以前曾一起玩耍過的小夥伴，他們見到他後各個驚訝萬分地議論紛紛道：「他還活著呀?!」夥伴們在短暫的詫異、猶疑之後，馬上蜂擁而上，圍著他嘰嘰喳喳嚷成一團。當地人知道了此事後都說：「他到屍陀林哪裡是去送死，分明是去治病！」

回家見到父母後，兩人高興難言以至暈了過去。醒來後，父母懷著似與死去親人再次會面般之喜悅心態問他：「你怎麼可能還活在人世？」陪同達瑪多德一道回來之人，此刻則七嘴八舌匯報說：「你們兒子的屍體前突然飛來一隻鴿子，它頭一低隨即死去，但你們兒子卻在同一時刻又復活如初。」不管事情的眞實面目到底如何，父母對死而復活的兒子依然如以前一樣善加關愛、對待。而此子則比過去性情更爲溫順；並對父母非常孝順，對貧窮者極爲憐憫、慈愛；更對佛法具極大歡喜心，對三寶具足無僞信心；兼以精進行持善法，因此總體來看，此兒已與過去不可同日而語。

目睹兒子的明顯變化，父母心下若有所悟，他們開始漸漸明白眼前的這個孩子並非自己的親生骨肉。兩人便向小孩詢問其中的具體因緣，達瑪多德遂將自己行奪舍法，從鴿子身中遷出心識又將之遷入男孩身中的事實，詳詳細細對父母二人做了交待。因印度語中將鴿子稱爲「得噗」，故父母隨後便以帶「得噗」的一個名字——得噗桑阿東巴稱呼他。而且儘管身爲父母，但二老卻並未待之如一般兒子；相反，兩人對他一直執弟子之禮，並對之恭敬承侍。依靠此子，二老即生當中就像擁有親生兒子一般感受到了他所帶來的利益。而等他年歲稍長後即出家求道，並終成大智者及大成就者。

有關達瑪多德在印度的事跡，乃由大成就者得噗密乘支柱本人親口爲密勒日巴之弟子惹瓊巴講述。

◎心識可脫離肉體進行活動

如上所述，身心只是暫時聚合到一起而已，我們通常所謂的心並不是指身體的一部分，亦非是說心就是身體所結的果。如果眞是這樣的話，則心識離開自己賴以寄居的身軀跑到體外，並從身外看到自己的身體；或者身體仍待在原處，不過心已遊離到遠方、別處；抑或心識完全拋開肉身，直接進入轉世中陰，所有這些現象都將成爲永遠也不可能發生的天方夜譚。不過此類現象不僅過去發生過，現在、未來依然正在或即將發生無數次。特別是在人還存活於世時，心識飛出身中，到外界任意遨遊、並清楚看到自身的事例，在東西方國家中都已屢見不鮮。儘管由於各個國家的文化傳統不盡相同，因此對這種現象的稱呼及解釋也千姿百態，但對眾多當事人而言，他們當時的切身感受卻無多大本質上的差異。這種體驗，據美國一九九二年的統計資料顯示，有一百三十多萬人曾親身感受過。以這個比例推算，如今品嘗過靈魂出竅感受的人只會更多。

再放眼全球，整個世界都已建立起眾多與此相關的國際性研究中心。當代西方的科學界人士、學者，在經過審慎觀察、再三考核後，大多數都承認此種靈肉分家的現象就如催眠體驗一樣，絕對是一種客觀存在。當前，關於身心分離的事例已在全世界廣泛傳揚開來，但新一代的科學工作者們不用說找到否定此種現象的理由，就連對此現象的一個合理解釋，他們也無法做出。而心識離開身體後的種種感觸、見聞，卻早已在佛教的聞解脫法要中被詳細描述過。正因爲如此，越來越多的西方智者才對佛教的中陰解脫法門表現出了日益濃厚的研究興趣，在對之深表重視的同時，他們常常對中陰法門讚不絕口、歎爲觀止。

那麼這種身心分離的體驗到底是怎麼一回事呢？前文提到過的穆迪博士，曾調查、整理、出版過關於這方面的大量事件、資料、專著，這裡僅從其著作中摘錄個別事例，相信讀者當能從中一探概貌。

有一女人說：「一年前我因心臟病發作而住進醫院，第二天早上正躺在床上時，心口忽然感覺特別痛。當把護士們喊來對我進行身體檢查時，躺在床上的我忽然就有了一種舒服、快樂的感覺。翻過一個身後，我的呼吸停止了，心臟也不再跳動，護士們見狀後緊張焦急地大叫道：『紅色狀況！紅色狀況！』就在此刻，我感覺自己的心已離開身體，沿著床邊的鐵扶手與床墊間向下滑（其實說我是穿過鐵扶手倒更恰當），並滑到了地板上。當我起身的時候，看到又有很多護士急急忙忙衝進了病房——恐怕總共有一打。護士們還給我的主治醫生打電話，他接到電話後就飛快地向我這個方向趕過來。我不禁想到：眞奇怪！他來幹什麼呢？接著我就像被風吹動一般輕飄飄地飛動上升，最後則升至天花板大燈處。從那個地方向下俯視，我發現自己正躺在病床上，而醫生們則在緊張地對我進行搶救，這一過程我看得清清楚楚。最後我聽到一個護士叫了一聲：『啊，天哪！她已經走了！』另一位護士連忙口對口對我進行人工呼吸。我趕忙飛到這個護士的腦袋後面往下看自己被治療的情景，只見這個護士的頭髮非常短，這個場面從此就刻在了我的腦海深處，讓我永遠也忘不掉。她們又搬出一台機器放在我的胸口上震動，這樣做的時候，我看見自己的身體整個就從床上蹦了起來。我還聽到身體內部的骨頭全都在喀喀作響，好像要散架了。這種搶救眞是太差勁了！

還有一位年輕男孩則說：「兩年前我十九歲時，有天開車送一個朋友回家。車行至十字路口中央時，朋友突然大叫一聲，我一看才發現原來前方有輛汽車正朝我們這個方向疾馳而來。沒容我做出任何反應，兩輛車就相撞了。發出巨大聲響的同時，我的一側車體瞬間就被完全撞壞，並立刻癟了進去。我本人當時感覺自己已陷入一片黑暗之中，並很快昏厥了過去。不大一會兒，自心心識即飄浮於空中，剛才還深覺刺耳的聲響此刻則漸漸在耳邊消散。我看見很多人都圍在撞車的地點，而朋友則陷於極大的恐怖之中。他已從車裡跳到了車外，而我被撞得殘破不堪的自身仍陷在同樣快散架的破車裡。人們正努力把我往車外拽，我的腿上鮮血淋漓，地上還有好大一灘。」

另有一人訴說道：「我病得很厲害，醫生說必須住院接受治療。有天早上，四周忽然瀰漫起很大的一團濃霧，就在此刻，我的心識突然脫離開肉體，並生出飛往虛空的念頭。回過頭一看，只見自己正平靜地躺在病床上，周圍靜悄悄的，沒有一點嘈雜聲響，當時的心情分外寧靜，無絲毫的恐懼感產生。我想自己怕是要死了，如果心識再這樣繼續飄蕩下去、還不進入體內，用不了多長時間自己就得跟這個世界永遠告別，並前往另一個陌生的地方……」

有一個人在講述心識觀看自身軀體的感受時說：「哈！哈！哈！眞想不到啊，我原來就是這副德行！你知道嗎，平常我只是看看自己的照片，或者從鏡子裡瞧瞧自己，都是『扁扁的』。但是突然之間，你看我——或者說我的身體——就在那邊，我看到了。我清清楚楚地看到它，全身照，距離不過五尺而已。我過了好久才認出來，那是我喔。」

一位女士出了車禍，身體嚴重受損，她的心識當時曾飛出體外。後來在回顧這一經歷時，她說道：「我看見自己的身體在車禍發生後還留在車內，我清楚地意識到那就是我本人的肉身，但當時的我對此身卻毫無貪戀，就好像那只是別人的一副骨架似的，與我並無任何關係。」

一名男子從高樓墜下後，身體嚴重受傷，有段時間心臟都已停止了跳動。在搶救期間，他的心識從身體中跑了出來。此人後來描述這段經歷道：「我知道自己被擱在病床上，醫生們全力搶救的情景全都在我眼下清楚呈現。但我自己並不知道到底發生了什麼事，只是在看到躺在病床上的自身軀殼時，一股悲哀的情緒禁不住慢慢湧動起來。當時我想：自己原先的身體那麼健碩、那麼富有朝氣，誰曾想眼下卻變成了這副模樣！」

類似上文所列舉的這些事例，如今在世界各地都可謂比比皆是。親身感受過此等境界的人們，有很多都把自己的見聞記錄下來，並整理成文字公開發表。此處所敘述的，乃以穆迪博士經過詳細、可靠的調查而後撰著之論文爲基礎，從中略擇一二稍加論述。

除了穆迪博士之外，還有很多專家、學者都與他一樣，在周密調查的基礎上也紛紛發表了眾多的專著闡釋這一問題、現象。比如，在菲力普．伯爾曼（Phillip L.Berman）的著作《回家之旅》中就記載了一個前蘇聯精神病醫生的瀕死體驗。此人名叫羅得尼亞（George Rodonaia），他於一九八九年移民美國，此前是莫斯科大學的精神病醫生，一個堅定的無神論者。一九七六年，他不幸遭遇了一場車禍，當即就被宣佈死亡。屍體在陳屍間停放了三天，直到一位醫生作屍檢在他腹部切了一刀後才蘇醒過來。從那以後，他即轉而研究靈魂問題，並拿到了他的第二個博士學位——宗教心理學博士，且於其後成爲一名東正教牧師。現在的羅得尼亞是得克薩司州尼德蘭市第一聯合衛理公會教堂的牧師，他自己對當年的體驗一直記憶猶新。

> 我記得關於自己瀕死體驗的第一件事，就是發現自己處在一個完全黑暗的環境裡，這種黑暗是我從沒見過的，我感到害怕極了……，接著我想，黑暗可不是件好事情，最好能有光。然後，我就突然發現自身已身處光明中了。那是很明亮的光：

白色明亮，強烈耀眼，就像照相機的閃光那麼強烈，不過並不閃爍。開始我覺得這光耀眼得使人痛苦，慢慢地我就適應了。我開始感到溫暖舒適，一切突然變得那麼好，……生命和自然普遍存在的方式呈現在我的眼前，這時我對身體的擔心完全消失了，因爲我知道我已不需要它，它實際上恰恰是我觀察世界的障礙

◎中陰聞解脫法所描述的境界真實現前

佛教的中陰聞解脫法門中，詳細介紹了中陰身從初開始形成一直到最後轉世投生的全部經過。這些描寫、敘述，與身心分離後，心識感受過瀕死體驗的人所眞正經歷過的境界無有二致。這些瀕臨死亡絕境的人，當時大多都已被醫生診斷爲休克或死亡，而後依賴某些因緣，他們又再次復活。佛法所講述的中陰經歷，他們已感受過前半段，後面的中陰境界則尚未來得及眞正體驗，否則這些人也不可能再死而復生了。中陰法門中云：「嗟，善男子！汝身心分離之時，細微、清淨之法界即刻現前，彼時會現出極爲光明耀目、絢爛輝煌之景象。」此中所說的光明、清淨之顯現，有過瀕死體驗的人不但感受過，而且他們的所見所聞與佛法聞解脫中的描述均基本相同。這些人說：「當光明最初顯現時，它的亮度並不是很大，相反倒稱得上是黯淡晦冥。然後那片光明會突然變得非常明亮，那種明晃晃的感覺似乎超越了世

間一切光線的光芒。」

諸根具足無礙行

中陰法門中又云：「嗟，善男子！汝應諦聽：『諸根具足無礙行』乃謂生存於人世之時，即便生而爲天盲、聾啞者，中陰境界現前時，此等人依然眼可觀色、耳可聞聲，諸根均無毫髮之損，其功用皆能一一現前，圓滿具足，此則名爲諸根具足。此類徵相出現時，即是肉身死後神識開始漂泊於中陰歷程之徵兆，汝等理應了知。」佛教中的這些描述，與許多現代人的切身體會同樣不謀而合。

還是以那位穆迪博士爲例，他就在《遠方的光》這本專著中如是記述道：「雙目失明長達五十年的一位病人，在心臟停止跳動一段時間以後終又復活。其間，他自己的心識曾脫離開身體，並在體外把醫生對自己進行搶救的情景，包括當時所使用的一些醫療器械之形狀、顏色，全都看得清清楚楚，並能完整、準確地復述出來。」

另有心臟學教授薩門曾對三十二位病人進行過認眞觀察，這些人都有過心識短暫離開肉體、並從體外對醫生們的治療經過進行觀看的經歷。薩門教授讓他們分別復述各自的心識所見，其中有二十六人講述的情況與實際狀況基本相符。穆迪博士在其《一生又一生》一書中也闡明瞭這一見解，「人們眞應該爲這樣的事實而深感稀有！很多醫生告訴我，沒有任何醫學知識的病人，在通過某種治療而得以復活時，他們居然能把輸氧等具體搶救經過全都準確無誤地講述出來。但在對他們進行搶救的過程中，所有參與其事的醫生當時都認定這些人已必死無疑，醫生們對此看得非常清楚。」

《遠方的光》中所列舉之事例，與中陰解脫法門中所說的「諸根具足」之境界基本相同；而薩門的調查對象的具體情況則並非與之完全一致，但在心識脫離開肉體後仍能見聞覺知這一點上則大致相同。中陰法門中又雲：「嗟，善男子！所謂『具足無礙之力』是謂汝身之功德。而今汝已消盡質礙之身，故可任意穿越山河大地、房屋木石、岩壁洞穴。汝今已完備此種無礙穿行之力，惟除母胎、金剛座無法穿行而過。除此之外，穿山越洞之力汝亦任運具足，此乃進入轉世中陰之徵兆。」佛經在千年之前對此種境界的展示，後人一一在現實中看到了它們的實際發生。

比如有一因呼吸系統閉塞而住院接受治療的女人，在被送進急診室施行人工呼吸急救的時候，其神識就曾飛離開肉體。她自己後來回憶說：「看到他們對我做人工呼吸，感覺眞是怪怪的。我的位置並不高，好像是在一個講臺上，比他們高不了多少，但是正好可以從他們頭上看下去。我要跟他們講話，可惜沒人能聽見我，也沒人想理睬我。……大夫跟護士們在我胸口上撞擊，想打通我的血脈，讓我活過來。我不斷地告訴他們說：『不要煩我，我只想安靜一下。不要敲我好不好？』但是他們一點兒也聽不見。於是我就用手去撥開他們的手，不讓他們敲我；但是什麼也沒發生，我啥也沒碰到。我就像——我根本不知道發生了什麼事，我撥不開他們的手。看起來我是碰到了他們的手，而且要去撥開——但是當我撥了以後，那些手還在那裡。我不知道我的手是穿過了它，還是錯過了它，抑或發生了別的什麼事。反正我撥的時候，好像一點兒阻力也沒有。」

還有一次，一間房屋因故倒塌，內中一人在身體受傷、受困之時，神識倒自在無礙地從倒塌的屋子中飛了出來。此人後來說道：「人群從四面八方來到現場，我能看見他們，而且我正站在一條很窄的通道中。然而，他們走過來的時候根本不注意我，大家兩眼直視，瞄都不瞄我就走過去了。每次他們走到快要碰到我時，我總想回頭好讓他們通過，但是他們全都大搖大擺地『穿』過了我。」

中陰法門中還說道：「嗟，善男子！所謂『具足身之神變力』是謂汝今所具之神變，非由功德或等持之力而得以生出，乃以業力引出而已。於一刹那頃，汝身即可雲遊四大部洲、山王；於一刹那頃，一切汝欲前往之地均可自在往還。伸縮自如之力汝亦具足，其餘諸種神變汝皆一一擁有。若無此念，則應另當別論；若生起神變之意，則一切意念皆可當下圓滿。汝已具足無礙顯現一切之力，此等道理汝應了知。」這其中所揭示的眞諦，現代人則以自己的實際體驗爲之作了最好、最形象的注腳。

比如一神識曾飛離過肉體的女人說：「當時，似乎一切限制自身心識的障礙都已消失無餘，凡是我想目睹的景象，它們立刻就出現在眼前。」還有一人的體驗也與這位婦人大同小異：「如果我想看看身處遠方的某人當下實際的生存狀況，我馬上就可以飛到他的近旁；世界上的任何一個角落只要發生了我想瞭解、觀察的事件，我本人立即就能親赴現場、實地考察一番。」另有一人則說道：「以當時的實際體驗而言，感覺中似乎從一個地方飛赴另一個地方只是一瞬間的事情，欲往何方，馬上就能抵達該處，一點延宕都沒有。」

心欲何處，即得現前

中陰法門中還講道：「此心無依，欲至何處，剎那即得以現前，其遷移之速誠可謂令人瞠目結舌。」這段話所描述的景象，在上文列舉的實例中已完全得到了驗明、證實。對眾多心識離開過肉體的人來說，他們除了擁有上述諸種神通外，別種神通變異之能力似未曾聽說有具足者。

同類可互相見

中陰法門又云：「嗟，善男子！所謂『以同類天眼現見』是謂轉生為同一種類之眾生可相互目睹。如若轉生於天界，則天人之間定可互相親睹其顏。同理，無論轉生於六道中之何趣，同類眾生必能親見對方面目。……嗟，善男子！此中陰身可雲遊故鄉並與親友敘談，此等行爲直如夢中相會一般，汝對諸親友殷勤問訊，然彼等皆不作答。」此中所闡述的道理，也已被越來越多的現代人體驗、親證並信解。有過瀕死體驗的人都知道，在他們的心識離開身體的刹那，他們能看見許多親朋好友及眾人，並切身感覺到這些人似乎都在幫助自己。

比如有一產婦在生小孩時，神識就曾離開過自身，她後來回憶說：「我當時因難產而流血過多，大夫已經通知家人準備後事。但我在整個過程中始終都很警醒，大夫講話我也都聽到了，但我知道自己會活過來。我心裡一邊想，一邊看到一大堆人都來了，聚集在天花板上熙熙攘攘、好不熱鬧。他們全都是我認識的人，且均已過世。我認出我的外婆、很要好的一位女同學，還有很多親戚朋友。好像我只看到他們的臉，感覺他們是在那裡，好像很愉快。而且我感覺他們是來保護我的，還要引導我，就好似我大老遠趕回家，而他們則專程前來問候我，並歡迎我一樣。」

還有一位男人則說道：「在我得嚴重疾患前的幾個禮拜，我最忠誠的朋友鮑布不幸被人殺害了。現在，當我正要脫體的那一刻，我忽然就有一種感覺：鮑布站在那兒，就在我身邊。我從心裡就能看到他，感覺到他就在那裡，這眞是很奇怪。我看到的好像並不是他肉身的模樣，我能看，然而看到的並不是他肉身的光景。……這合理嗎？他是在那兒，但他並沒有一個肉身。不過那明明又是個血肉之軀，因爲我親眼看到它——手臂、腿等——但又不是像肉眼那樣『看』到它，反正我也沒有眼睛。我再三問他：『鮑布，現在我該往哪兒去好呢？發生了什麼事？我死了沒有？』任憑我一再詢問，而他就是拒不回答。」如是亡人住於中陰期間，此時亦有可能互相碰面。

心念較以往更清晰

中陰法門云：「中陰境界現前時，心念較以往更清晰、有力，即便啞者亦可憑業力等因緣而智慧大開，以往所學、所記之內容皆可通達無礙、憶念不漏。」這方面的現實例子同樣舉不勝舉。很多心識離開過身體的人說：「當神識離開之時，眼、耳、心等識比以前更加敏感，感受力更爲強大，這眞令人百思不得其解。」一名男士具體敘述道：「現在存在於人世間的一切事物，那時依然會存在。尤其是自己的心識，其活動能力、範圍明顯增強，這眞是奇怪。當時，我心裡記住了很多事，一一憶念時，每一件都能立刻回憶起來，根本不需要費盡心思去想、去思維。」

還有些人曾說過，人死後，其眼識會變得比生時更爲明亮，洞穿力更強，甚至可以清楚看見很遠地方的東西。但他們對能看見遠方事物的原因，卻並不清楚明瞭。

以業力感得神通

中陰法門中說：「爲汝已如蒼鷲般誦念過超度亡靈之儀軌，爲汝亦已作過淨除惡趣之佛事，一切不清淨、散亂、失壞誓言及戒律、心態放逸之細微行爲，皆可借助汝之神通力而實際見到。」、「以汝業力感得之神通可親睹並親聞諸多微細、瑣碎之事。」這裡明確說明瞭中陰身有感受及耳聞目睹細小事件的神通，而有過神識脫離開肉身體驗的人則證實說，他們可以把眾人心中的念頭、所思、所想全部了知無遺並一一道出。有一女人就這樣說過：「我待的地方人眾遍佈，他們心裡想說什麼我全都明明白白，這並非是因爲他們已把心裡話傾訴給我，而是我自己的心可以洞穿他們的一切想法。在我了知他們內心的世界時，大家均未曾開口講話，但此時無聲勝有聲，我對眾人的想法早已心知肚明。」還有一人則說道：「不論碰到誰，如果想知道他們在想什麼的話，就像望遠鏡可以把遠處的景物調到眼前一樣，我的心立刻就能了知他們的一切想法，它們全都迅速暴露在我眼前。」

心識漂泊

中陰法門還說道：「嗟，善男子！概而言之，汝處於中陰境界中之心識，實乃無依無靠，漂泊動蕩。」此處所說的漂泊動蕩，是指中陰身搖擺不定的實際生存狀態。此種現象，很多有過神識離開身體之體驗的人們都曾親身感受過。有一人就如是說道：「我和哥哥等許多朋友在水中游泳時，一不小心就沈到了水底。不大一會兒，自己的心識即飄浮於空中，並看到自身還陷於水中。但我此刻已具足另一身軀，就像風吹羽毛般，此身輕飄飄地被托向虛空。」不僅此人有如此之感觸，眾多離開身體的心識都曾產生過這種自由飄蕩於空中、毫無任何沈重感的覺受。

中陰身只是意生身

中陰法門中又說：「中陰身不以血肉之軀而存在，惟是意生身而已。」這種說法，也已被很多人的親身體驗所證實。有一個翻車後身體受到重創的人，就經歷過神識離開肉體的體驗。他回憶說：「當時我分明具有另外一種身軀，不過這副身軀卻已不是眞實的人身，特別是那種有質礙的肉身更是消失得蕩然無存。這種軀體雖說具足形狀，但卻毫無顏色可言。」關於此類身體的具體相狀，個人由於感覺、經驗的不同而分別作出了不同的描述。不過總體說來，眾人一致公認在那種特殊情境下，身體還是存在的。另外，此身也是有形狀的，只不過有些人說此身狀如陽焰；有些人則說形如雲朵；還有人認爲其形似煙、似氣；另有部分人認爲：此身之形狀內外俱明；也有人將其形狀描述爲彩虹；亦有人認爲此身具備特殊能力等等，諸如此類，不一而足，大家所見各不相同。

眾人不見我

中陰法門又云：「雖我能觀見彼等，然彼等皆對我視而不見；眾人呼喚我時，我耳裡聽得分明；然我於其耳邊呼喊時，彼等均聽而不聞。」這裡所展示的情景，很多人都曾親身體驗過，此中道理通過以上事例已能得到清晰印證。除此而外，中陰法門中還說道：「自己能親見己屍等相，彼時此人即作意道：我已逝去，眼下應如何作爲？」這種對神識在見到自己屍身後所產生之心理反應與感受的描寫，通過上文列舉之事例亦已完全得到證實。另外在密續中還講到，人在死亡之時會現出黑色景觀，此中景象也已被眾多感受過瀕死體驗的人所親歷。

對瀕死體驗而言，有些經歷過此種體驗的人，在這一過程中會見到清淨刹土或感受到身處清淨刹土時所感覺到的快樂喜悅相類似的覺受；但也有人會感受如同身處惡趣般的那種難忍之痛苦、恐怖。這方面的差異無法確定，不可一概而論。

我們一直在論述的所謂瀕死體驗，基本上是按照它們與法性中陰、轉世中陰的略微相似之處而加以敘述的。其實，在眞正的中陰境界中，眾多與瀕死體驗不同的眞實覺受都會一一現前。此處所介紹的人在臨死時心識離開肉體的經過，是從穆迪博士經過審愼觀察而後加以確證，並寫成的《一生又一生》一書中稍加選擇典型事例，然後概略介紹的。穆迪先生採訪了大量有過心識離開肉身之經驗的人，並對其作了詳細詢問、調查。在寫此書的過程中，自他的很多疑惑都得以遣除，因此說他的一切立論都有可靠的事實來源及理論依據，這些情況在他的著作中都有具體而詳盡的反應。至於穆迪先生本人，則是一位獲得過哲學與醫學博士學位的雙料博士，在西方學術界堪稱一位出類拔萃的代表人物。如果沒有掌握能證明身心可以分離，以及前生後世決定存在的合理而確切的論據，像他這樣的人，一般不大可能輕易就順從眾人關於前世後世的說法，更不可能隨隨便便就把自己的看法形諸筆墨並公開發表、傳播。冒著有可能貽笑於全球大智者、大知識份子面前的尷尬處境，而去宣揚一種不堪一擊的學說，這種行為似乎不太符合穆迪博士的身分。

西方對《西藏度亡經》的重視

不只穆迪先生一人在從事有關瀕死體驗的研究，對之進行觀察的學者在美國就有八十餘人，別的國家和地區也有很多專家投入對此現象的研討、鑽研、分析之中。這些研究人員經過精心調查、反覆驗證後得出的結論，其實在佛教中陰法門中早就被宣說過了。穆迪博士因此而感慨萬千地在《一生又一生》一書中如是評價道：「總而言之，《西藏度亡經》中，除了描寫死亡經驗初期階段的情景外，它對後期情景也有詳細交代，而本書各項報告中則僅談到初期時的情景。但若以此具數千年歷史之古籍中所描寫的初期情景，與二十世紀美國人的報告相對照，其相似程度已經足以令人目瞪口呆了。

「有一點是我們應該瞭解的，在古老思想家的著作裡，在眼前這些九死一生者的報告中，兩者間竟有那麼多足以互爲引證的雷同之處，就算它們到目前仍不是絕對可解的事實，拍案叫絕又有何不可。怎麼回事呢？我們該好好地問問自己。」

中陰法門中闡述的種種中陰境界，佛教的《俱舍論》中同樣宣示過，因此說顯密佛法在對待這一問題時，歷來都持大致相同的觀點和看法。在此世界上，有千千萬萬個親身感受過這種獨特歷程的人，他們的體會就成爲了佛教中前後世存在理論的最好證據。可惜的是，現在仍然有人不相信前生後世的存在，但他們拒絕承認只能證明自己在頑固地自持己見而已。生存於此地球上的各個民族，除了藏族以外，大多都對瀕死體驗等超常規現象深覺怪異，因而不免指指點點、議論紛紛一番；但我們藏族人卻因仰賴前代諸大法王、諸大班智達以及諸大譯師的恩德，因而對前生後世、三寶以及業因果的道理天生就具足信心。因此，根本不會在面對瀕死體驗等特異現象時，表現出大驚小怪或百思不得其解的神情，他們一般都會坦然而放鬆地接受。在這樣一個五濁興盛的末法時代，還能保持如此的品性，這眞是我們藏民族的福報！

上述有關藏民族具備佛法正見的論斷，也可見諸漢地的各種文章、著作。下文即將引用的一部漢地著作中即如是道：「西藏人，可以說是世界上所有民族中對死亡認識最深刻，也最爲灑脫的民族。」、「對於西藏人來說，靈魂與肉體的關係是顯而易見的，肉體不過是靈魂選擇的暫時寄寓之所，死亡之後自然便會脫體而出，尋求新的歸宿。若作此觀，西方人視爲神秘之極的ＮＤＥ（瀕死體驗），在中國的西藏人眼裡不過是理所當然，自然而然的事了。」

這些人經過對比、分析後得到的判斷，應該說是非常公正、坦率的。

而在雪域藏地，因藏傳佛教擁有一整套浩如煙海般的經、續及甚深、廣大之注釋，故中陰法門在藏人眼目中並不具有舉足輕重的地位，他們只把它當作是城鎮中的經懺師經常要用到的一個法門。但在整個西方世界，中陰救度法門卻享有極高的聲譽。自從一九二七年此法門被冠以《西藏度亡經》的名字翻譯成英語以來，此經即日益受到西方智者及知識界人士的普遍歡迎與重視。比如，著名心理學家榮格就曾在論及精神分析的某些問題時說道：「若干年來，從它（《西藏度亡經》）初版發行以來，本書就成了我的隨身伴侶。不僅我的許多富於啓示性的觀念和發現要歸功於它，還有許多根本的認識或見地也要歸功於它。」這位心理學大家即如是重視、珍愛此法本。

一九九九年，北京外文出版社公開出版了漢地第一部系統、完整介紹瀕死體驗的專著，這部著作中如是論述道：「《西藏度亡經》這本書，產生至今已經一千多年了，但它如今卻成爲最現代的研究死亡的學科NDE的最古老的典籍。在西方，所有研究死亡的學者，都把它與《埃及度亡經》奉爲最重要的兩部經典，而《西藏度亡經》中關於『中陰』過程的描述，更是與現代的NDE研究所揭示出的各種現象不謀而合。因此，《西藏度亡經》可以說是藏民族對現代人類最重要的貢獻之一。」這本書即如是高度評價、讚美了以《西藏度亡經》爲代表的藏傳中陰救度解脫法門。

我相信任何一個具有公正智慧及觀察力的人，都可借助細緻觀察及縝密思考而發現：佛教的經論及密續，每一部都極其深奧、妙廣難思。故而別人讚歎藏文化對世界文明做出重大貢獻的話語，並非查無實據、空口妄談。我們應該明白一點：「不識廬山眞面目，只緣身在此山中。」別人的評論，也許能幫助我們重新認識自己固有文化的價値與魅力。

但至今仍有極少數人頑固地認爲佛法是落後、陳舊、迷信的代名詞，根本就沒有什麼可靠、科學的依據，它唯一的根基便是教理而已。不過稍微擦亮一下眼睛，我們就會看到，瀕死體驗如今早已被全球各地的無數人親身領教、經歷過，關於瀕死體驗的研究也正在成爲很多西方國家最新、最熱門的一個學術領域，它甚至已攀上世界生命科學的頂峰，而佛教恰恰是這門學科最可靠的論據來源，以及助其研究取得成功的最大助緣。我們必須認清一個事實——即完整、正確、究竟的論典，除了佛教能提供之外，世間學術體系永遠也不可能擁有此種顚撲不破的理論與實踐經驗之總結結晶。所以毫無根據的看法、觀點，還是暫時放棄爲好，這樣才算不負做人所應有的基本合理形象。

還魂師的經歷

下面即從藏地一些女還魂師的中陰經歷中，略加選擇個別事例進行進一步的解說。

首先應確定還魂師的概念，所謂還魂師即是指其心識已經到過中陰閻羅世界、之後又回來並再入自身體內且重新復活的這類人。佛陀在《善護請問經》中曾講過：「剪去髮絲並棄置於地，此斷髮則無法再生於頭頂。與此相同，人死之後，其身不可再度復活，心識亦無法重回原身完成轉世。」

不過，《藥師經八百頌》中又說道：人死之後可以再次復活如初。故而我們說《善護請問經》的說法是就總體狀況而言的，而《藥師經八百頌》針對的則是特殊情況。以還魂師爲例，有些還魂師的心識在進入中陰狀態中後，他的身體在很多天中都不會發生任何改變；但如果死亡時間是在夏季，那麼據說屍體保存很長時間以後就有可能出現部分腐爛現象。爲驗明還魂師是否眞正死亡，人們會在他的鼻孔中塞入酥油、臉上塗抹上一層麵粉。如果鼻孔中的酥油沒有融化，或臉上的麵粉沒有抖落下來，那就表明此人確已死亡。傳統上人們還把還魂師當成生者與死者之間的橋樑與信使，依靠他們，很多眾生都獲得了切身、廣大之利益。

若就普遍狀況來看，全世界都有人死之後過了很長時間又再度復活的事例，但還魂師的經歷則與之有別。那麼，他們的中陰歷程又到底呈現出一種什麼樣的景觀呢？在女還魂師更桑秋眞的《還魂傳記》中就如是寫道：

此後世間中陰境界現前，我感覺自己的身體完全是裸體形狀，而且諸根具足，和以前一模一樣的一個身軀瞬間就產生了出來。後因業力之赤風吹動，我自己未能自在安住，心亦變得無依無靠，就像風吹羽毛般，我便以氣爲馬，越過高山溝坎直赴中陰險道。我先是來到了一個朝北的狹長山溝裡，那裡只有一片亂石山嶺，色彩特別明亮且呈藍色。亂石間則流淌著藍色的山澗水流，還能聽到烏鴉發出的「呱呱」聲，就連草木也發出似人呼喊的聲音，整個環境令人頓生恐怖之感。我就看到、聽到了這種景象。

另外，五種具體的不定境況也會在中陰境界中現出：一，住處、所依、行爲不定。即是說安住於何處確定不下來，而且中陰身需依賴橋樑等等眾多依處，故而一般無法使心安住。這樣一來，行爲自然也就不定了，因此中陰身一般都無所事事，且剎那剎那地發生瞬間變化；二，食物不定。不論食物好壞與否，如果無人作迴向，中陰身即無權享用；三，朋友不定。能否找到可以與其安住的友伴無法確定；四，意生身不定。此中陰身一會兒感受痛苦，一會兒又感受快樂；五，氣等不定。因中陰身無眞實人脈，故氣、風等亦均無確定之存在方位；兼以中陰身無白紅明點，故外面之日月不明顯顯現，只現出一片大黑暗，並起赤風，同時出現天上星宿紛紛墜下等如夢似幻般的迷亂景象。

另一部描述夏達波．札西南吉作還魂修法的傳記中則這樣記載說：

在我迷亂分別念的顯現中，首先現出白、黃、紅、綠等色光芒，此時，與平常所擁有的肉身不相同的是，光身出現了。自身感覺非常迅捷且身體完整無缺，光與自身已無二無別，此種不受屍身所累的光身想到哪裡即可飛赴哪裡。不受任何障礙所限也無有觸摸感的五光身，去住停留皆可隨心所欲。光身左邊是一團白茫茫的光線，右邊的光色則顯現為黑乎乎的，而前面的光芒則金光燦爛。依靠這些光線，我沒有前往別處他鄉，只來到了一戶人家中。這家院落共有九扇大門，別的人家我都不大信任。自認為這是屬於自己的軀體後，我便做此往生法……

在我散亂的感覺中，似又爬過了一座高聳雲端的高峻山脈，來到山峰間時，只見人頭骨堆積如山……

女還魂師浪薩秋吉這樣敘說道：

剛開始時，我並不知道自己已經死了，後來才慢慢明白自身已經死亡的事實。我看見自己的身體已變成住屍，此住屍上還覆蓋著我的衣服，人們並且把這具住屍放在床上。我當時又與家人談話，但他們無一人能聽見我的聲音，就連應屬於我的那份飯食也未給我預備，於是我不覺嗔心大起。此刻，女兒痛苦的眼淚滴落下來，竟變成了膿血，這種感覺令人異常痛苦。好在上師們還在念誦佛法儀軌，這才讓我深感快慰。後來，父親似乎在呼喊我，我只得往前行進，並終抵中陰閻羅世界……

這些還魂師們借助清淨的發願力，能自在往還於生者與死者之間。此外，他們也可依靠特殊的方便法門而將自身留在床上，心識卻遨遊別處，自由享受各種悅意舒心的景觀。恰美仁波切也曾在夢境中置自己的身軀於床上，然後開始雲遊漢地的峨眉山。途經康定時，恰逢砍柴的人們在唱頌觀音心咒，仁波切把他們的聲音聽得一清二楚。雲遊結束、回到家中時，他看見奶奶正在底層房間裡熬牛奶。等他最終醒來並下樓查看時，發現奶奶果然與夢中所見一樣，正在房子裡熬著牛奶。此中詳情可見於恰美仁波切本人的《自傳》中：

在我已會修持密法的孩童時代，有天夢中曾一下子飛到虛空當中，並前往漢地的峨眉山朝拜。途經康定黑山腳下並短暫於此停留時，發現這裡有個別砍柴者正在哼唱觀音心咒，他們的音調被我聽得一清二楚。再往前行進，不久即到達了峨眉山山頂。在這裡我見到了兩座殿堂，於是便請求香燈師向我大略介紹一下峨眉山的山水及寺廟概貌。但他好像根本聽不懂我在說什麼，有些失望的我不由自主地就對他說了一些埋怨的話。從山頂遙望虛空時，彩虹中突然現出了普賢菩薩的身相，其身呈藍色，兩手結等持印。他的形象一會兒極明顯，一會兒又不明顯，我把全過程都看得清清楚楚。當時時間還很早，但太陽已開始從東方冉冉升起。峨眉山的確很高，朝禮完之後，我又飛了回來。降落在家門口時，奶奶正好在灶上熬著牛奶。就在此刻，我忽然從夢中醒了過來，只聽得奶奶對我說道：「你睡得可真香啊！……。」

類似這樣的事例其實還可以舉出很多，此處所紀錄的僅為其中的微少部分。吾等唯一的怙主法王如意寶晉美彭措上師也曾說過：「依靠夢境修法完全可以前往別處，並將別人的神態、所作所為等瞭解得非常清楚。儘管夜晚已經降臨，但自己的周身四圍依然會如白晝一般明亮。」我即如是親耳聽聞過法王講述的他自己的親身體驗。在他老人家所寫的引導文中還這樣說道：「夢境中見到的景象與白天清醒時見到的景象非常相似，只不過依靠種種因緣，人們可以從那種夢境中醒來而已。有些時候夢境尚未消失，而周圍的景物等已清晰現前，因此說醒覺與夢境可同時出現。」、「有時夢亦會轉入光明境界，此時一切影像均如白天一般明明朗朗，夢者會見到他眾的神情等眾多景觀。」依靠此種夢境，人們可跨越高山大海奔赴遙遠之地，不過這一切均需依賴修行才能得以現前。

依靠種種不同因緣，也會出現與夢境相同的情況，此種事例前文也曾說過，而相關論典中關於夢中身軀與此身的關係，亦出現過一或異體兩種說法。上舉事例中，某些人將粗大骨肉之身置於床上，自心識則飛臨別處，並看到其他眾生等景象，諸如此類的現象已是舉不勝舉。如今的西方學者當中，專志研究夢之奧秘的不乏其人。另有個別人在夢中也能認識到自己眼下正在做夢，不過他們的認識方式似乎都是在模仿佛教諸引導文中介紹過的認識形態。

對輪迴應起厭離

眾生的心識會不斷出現，這一論斷的唯一理證，並非僅僅是某一個宗派的教證或來自某些人以自己的觀念為基礎而進行的推理。它分明是以世間眾人的經驗，按其眼、手等器官的實際接觸、見聞所感得的結果為說明、論證的基礎，因而這一結論任誰都無法否認、推翻。我們的心就像陶醉在無明美酒中的大象，背負著三惡業的沈重包袱，從一個地方盲目地漂流向另一個陌生的地方。當它在無緣法界中未死之前，將一直輪轉於世間。就像因明中「具因生明心，無障故定生」這句話說的那樣，如果具足無明與愛心之因，卻沒有能證悟無我之智慧對之進行對治，則此心必會沈陷於無邊無際的輪迴大海中。與之同時，親友、父母等不定之景象也會相應出現。《業辨別經》中就記載了這麼一則公案：

一時，聖者目犍連前往芒嘎達城化緣乞食，至一施主家中時，恰逢主人與其妻都在家中。妻子懷中抱一嬰兒，夫婦二人正啖食魚肉，且不斷將魚骨擲向院中一黑狗。主人見到前來化緣之目犍連即開口說道：「聖者，此處無人可行供養，請另尋他家。」目犍連聽罷即欲掉頭回返。恰在此時，適逢一童子智者站立門前，彼見狀不覺深感稀有。童子遂感歎道：「稀奇眞稀奇！目犍連尊者乃佛陀諸大弟子中神通第一者，彼可將嘎沃、尼嘎龍王輕易調伏，其左手拇指即能撼動天人之尊勝宮殿，帝釋天見之亦感罕見難睹。於一剎那間，尊者即可轉繞整個三千大千世界，奈何如今竟連一缽食都無法覓得？眞乃稀奇又稀奇！」

目犍連尊者爲令諸人皆對輪迴生起厭離之意，於是便對童子智者言道：「童子，此無甚可大驚小怪之處。」童子詰問道：「若此不爲稀有，世上更有稀有之事否？」尊者隨即正色告之曰：「兩人所食之魚實乃主人父親的轉世。彼在世之時，屋後有一魚塘，此人即日日從中捕魚而食，結果死後即轉生爲魚。不知兒子與其妻，數數捕魚爲食，終致老父再再轉生爲魚。再觀此母狗，本是主人之母，因生前過分慳貪，不欲佈施，亦不嚴守戒律，每日只知爲家族種姓、財富而精心看護自家錢財，並終在貪戀家財之心態中死去。以此因緣，彼死後即轉生爲狗，狗死後又屢屢投生爲狗。因其唯恐外人入家中盜財，故每日晚間皆於屋外轉繞。至於妻子懷中之嬰兒，則是與主人之妻有過姦情之煙花浪子投胎再來。主人平日即風聞妻子與外面男人有染，一日假裝外出，晚上又突然返回，歸家後果見其妻正與那浪子共榻而眠。主人不覺心頭火起，旋即將此人殺死。因此人對主人之妻頗有貪戀之意，彼死後即轉生於主人妻子之腹中，遂成爲其家之子。是故童子應知，子吃父肉，並將魚骨擲於母前；以嗔恨心殺害之人，現正被自己抱在懷中。眼觀此等景象，理應對輪迴過患生起強烈厭離心，若仍一意希求輪迴，則此方爲眞正稀有之事！」爲令未來眾生皆於輪迴生厭，尊者彼時又宣說偈言道：「食父之身肉，並棄置母前，育妻之姦夫，貪愚所遮故。」

又舍衛城有一貧者，在他死後，一牛背上忽然生出一個大瘡，此貧者因過分貪執家與家財，結果死後竟轉生爲瘡中的一隻蒼蠅。蒼蠅被烏鴉吞掉後再次投生爲蒼蠅，一日中即如是七次投生爲蠅。

另在噶瑪雅那城中，有一阿羅漢比丘一日端坐在一户人家門前，此家對面恰有一條道路延伸向遠方。不大工夫，就見一人牽著一頭不斷叫喚的牲口遠遠地向比丘這個方向行進過來。比丘見狀便高聲感歎道：「嗚呼！奇哉！何以至此？」旁邊人聽到後便滿心疑惑地詢問他：「尊者，爲何一見此牲口您就感歎『嗚呼！奇哉！何以至此？』？」阿羅漢比丘聞言回答道：「我不願對那些沒有信心者詳說此中道理，在有信心者面前我才肯宣說這其中的因緣。」言罷即對眾有緣者宣說道：「這頭名爲帕維的牲口，前生曾是一名享有榮華富貴的商人，他發心造了一尊聖尊像，並年年對之廣行供養。在供施過程中，商人殺害了眾多牲畜以行血肉供，當其即將離開人世之際，商人又把這一供施及殺生的任務交給了兒子：『兒啊，若你慈愛老父的話，就當把以牲畜供養聖尊的慣例延續下去，使其永不中斷。即便我死了，也要繼續供養，萬不可將之輕易廢棄。』兒子答應了父親的請求，從此以後即按照父親留下的傳統亦步亦趨地認眞供養聖尊。商人死後，因其以愚癡心廣造殺業，故立即就轉生爲牲口，且多生都投胎在畜生道，並屢屢遭殺，至今已是第六次投生爲畜生了，今天又被人牽了過來。」比丘此時對這頭牲口生起了無比的大悲心，滿懷濃鬱之悲情，他對帕維說道：「聖尊像是你造的，供施之傳統也由你所立，牲口亦同樣是被你殺害，既然這一切都由你自己自行選擇，那麼現在爲何還要發出這種無意義的叫喚呢？」

正如這位比丘所言，我們大家都應對輪迴徹底生起厭離心。但西方有些學者卻片面依靠瀕死體驗得到的材料輕下斷言道：「死亡是一件快樂的事，無需恐懼。」他們即以如是之論調，安慰絕大多數面對死亡往往一籌莫展的現代人。不過這種觀點根本就未觸及到死亡的眞實內涵與奧義，而且就普遍狀況來說，死亡體驗因人而異，有些人經歷的是一種快樂的死亡，而有些人的死亡過程則痛苦不堪，籠統地說死亡是一件快樂的事其實沒有任何理由與實義。《中觀四百論》中早就說過：「汝於三有中，非能隨願往，隨他轉無畏，豈成有慧者。」；「由於諸人類，多持不善品，以是諸異生，多墮於惡趣。地上惡異熟，唯見爲煩惱，聖者觀三有，等同備宰處。」此處所宣說的道理實際上與上舉事例不謀而合，對此我們理應了知。

身體的形成

人們常常都有此一疑惑，即身體到底是如何產生的。

◎卵生及化生

眾生的身體大約有四種形成方式：卵、濕、胎、化，人與旁生均需依賴這四種方式才得以誕生。《涅槃經》云：「凡夫眾生有四種生處，卵、濕、胎、化是也。此四生處人亦具足，如比丘香薩拉、比丘俄巴西巴拉等人就乃卵生；施主呢嘎拉的母親、施主呢嘎德的母親、施主潘夏樂的母親等人，各個均育有五百兒子，此五百子皆從蛋中破殼而出。諸位母親先各自產下一蛋，不久，眾兒子即紛紛從蛋中孵化而出。由此可見，人中亦有卵生者。所謂濕生，恰如佛陀所言：『我行菩薩道時，曾轉生為頂生國王、手生國王。而今世上亦有芒果樹女人、嘎西達樹女人，故謂人中亦不乏濕生者。』」而《俱舍論》中也曾說過：「於彼卵生等，眾生有四生，人及旁生同。」

說到化生，除了古代文獻中留存有相關記載外，今天我們已基本上看不到此種生育方式了。至於卵生，除去上舉事例外，還有如下公案可供大家探討。

久遠之前，有一些商人途經大海中時，船隻不幸毀壞。其後，倖存者便與長頸鶴發生不淨行。不久，長老札、長老涅瓦札便從卵中孕育而生，類似的事例還有許多。

再看現代人中的卵生例證：西德人類學家勞．沃費茲博士等十人爲研究原始部落的生活形態，曾特意前往印度尼西亞婆羅洲的熱帶雨林中進行調查，在那裡，他們就遇到了很多卵生人。當地的女人們在生育期間都會坐在形體很大的白色「人蛋」上，用自己的體溫去孵化、保護這些未來的生命體。經詢問後得知，這些女人在懷孕後，六個月即會產下蛋體，然後就開始進行爲期三個月的孵化，最後蛋殼破裂，孩子們就從中一個個鑽了出來，整個生產的全過程就是這樣。

現代人可能會認爲卵生人十分稀有罕見，其實，在誕生於兩千多年前的佛教經典中，對此種現象的認知就已達到了令人咋舌稱歎的地步，稍有佛教常識的人都對之耳熟能詳，並早已成老生常談。

◎濕生

再來談談濕生。無等大師釋迦牟尼佛住世期間，濕生的例子就經常可聞。《涅槃經》中曾提到過的芒果樹女之公案，在《毗奈耶經》中是這樣說的：「一時，廣嚴城中勒匝波芒欽之花園裡，一株芒果樹忽而生出芭蕉樹根，此事爲守園人親見。不久此樹即花開滿株，守園人深覺稀有，旋即將之告知主人。勒匝波芒欽急喚相士探問究竟，相士曰：『七日過後，芭蕉樹即會裂開，一女人定從中產出。』勒匝波芒欽遂派守園人精心看護此樹，並逐日等待時日。第七日，花開樹裂，內裡果然有一相貌端莊的女人。勒匝波芒欽將其交與妻子，並名之曰『護芒果女』。」這位護芒果女長大後作了妓女，有一次偶遇波斯匿王，隨後便產下一名爲無畏童子的兒子。這位無畏童子不是別人，正是耆婆醫師的護養者，同時也是耆婆醫師的兄長。不過濕生之人如今早已無從聽聞，倒是旁生中有多得無法計數的大批濕生旁生。

◎胎生

人們通常所說的胎生，其具體形成經過可大略描述爲：在父親的精子與母親的卵子於母胎中混合之時，中陰身的心識即進入這團液體之中。剛一入胎，中陰身即刻便昏厥過去，借助於父精母卵，新生命的軀體遂逐漸在母胎中孕育而成。佛教將胎兒生命軀體的成長過程大致劃分爲這幾個階段——最初的身軀稱之爲凝酪，在外面一層薄膜的包裹下，內裡則十分濕潤；身軀再往下發育即成爲膜皰，此時的軀體就像優酪乳一樣，並未發育成眞正結實有力的肌肉；第三階段的肉身被稱之爲血肉，此時，身肉已具有了肉性；第四階段的身體則叫做堅肉，顧名思義，也即此階段的身肉已比較堅硬，如果按壓其上，就會感覺到這種富有彈性的硬度；第五階段的軀體被叫做支節，在這一階段中，手、腳等基本骨架、關節、部位都開始初具雛形；接下來，整個身軀便漸趨完整、壯大，此種日益完滿、成熟的胎兒成長過程，伴隨著新生兒的降臨人間才劃上圓滿的休止符。關於胎兒的生長、發育的詳細經過，《阿難入胎經》及相關密宗續部典籍中均有廣說。

胎生的多樣性

而有關胎兒在母胎中的具體成熟時間及住胎之時日長短，卻不可一概而論。上文說明眾生住胎的情景時曾大概提到過佛教對此問題的看法，下面再舉世間社會出現的事例以爲佐證。

布嘎日亞（音譯）地方一個名爲蒂梅特勒的女人，懷孕三十六天以後即產下一成熟嬰兒。而在英國，赫德克女士懷孕十三個月後才生下一名孩童。另在漢地的河北安國縣，有一老婦整整將肚中的胎兒孕育了三十年，而後才將之順利生產了出來。從歷史記載來看，亦有住胎四十年然後才行生產的例子。

總體來看，我們的人身恰如上面所講述的那樣，是通過父精母卵以及前來住胎之神識合和而成的。至於一個新生命的具體身形與身色，則與精卵等存在一定的關聯。如果人之精卵與非人之精卵發生碰撞、邂逅乃至混合，則可誕生出既不是人類又非非人類的眾生。假若人及旁生之精卵互相混雜，非人非旁生之眾生就有可能出現於人世間。《毗奈耶經》中就這麼記載道：「一時，眾多信眾紛紛前往舍衛城，並以各自所擁有之財富廣行上供下施，多有眾生因之而得以圓滿所願。個別非人眼見此等人財富豐饒，遂對之生起歡喜心，貪愛之心亦隨即增上。彼時，舍衛城中一些女人之丈夫因故外出，非人見狀乃化為外出之眾丈夫形象，並與諸女人行不淨行。其後，此類女人以同等因緣各自產下眾多兒女，其手、腳、眼、身皆具足醜相。有孩童身呈黑色，雙目赤紅；有者則頭大身小；有些頭顯黃色；亦有人髮絲皆為綠色。諸位母親見之不由萬分恐懼，立即將之棄於屋外或曠野森林中。非人旋即以自身所具能量護養眾棄兒，棄兒中漸有稍具人形者。奈何諸兒女長大成人後身形再度發生變異，彼又重新具足種種醜相。各人之母再次將自己子女棄於路口，非人只得以自身能量繼續撫育彼等。」

《毗奈耶經》中又云：「一具五神通之仙人，其尿液中帶精。一日來一母獸，口乾舌燥之際，遂將仙人尿液一飲而盡。盡飲之後，此母獸又舔舐自己陰部，結果不久即產下一子。母獸仔細聞嗅後，即斷定此子非自己同類，於是便將之丟棄不顧。仙人知其乃自己骨肉，就負擔起撫養兒子之重任。此子頭如野獸，故名之曰獸頭。」這個獸頭後來在佛陀的教法下出家為僧，並嚴守比丘戒律，且精進修持佛法，最後終於證得了阿羅漢果。

如今，把不同種類的眾生之精卵進行配種後，具有各種醜相的所謂「新眾生」便會誕生。現代人往往將這種「新產品」當成了不起的一個新發現、一種新物種，其實佛教經論中早就對之進行過論述。關於從屬於某一物種的某個雄性動物體內取出精子、再將之放置於屬於另一物種的某個雌性動物體內進行配種、繁殖的事例，佛經中已明確說過。又比如佛經中曾記載過一個名為恰嘎的尊者，他的精液沾染在衣服上後，一名為瑞瑪的女人就趁機將此精漬塗抹在自己的生殖器官裡。釋迦牟尼佛得知後即授記她亦會因此因緣而生下一子，具體情況佛經中則如是記敘道：「瑞瑪因生貪心而將恰嘎殘留於衣物上之精漬抹入自身胎門中，眾生業力之果報實爲不可思議，以此因緣，亦有眾生之心識會趨入其處。未來一名爲迦葉童子之孩童即會誕生，彼於我教法下必定出家求道，並終得阿羅漢果。我所宣示之教言，及所說之一切悅耳動聽之語，此童子皆可精通無礙，彼當成爲我教法中辯才第一之弟子。」事情的發展果如佛陀所言，迦葉童子後來的發展與世尊當初的授記無絲毫偏差。

將屬於不同種類之眾生的精卵進行配種後，與原先物種的臉面等部位不大相同的新物種就會誕生出來。不僅如此，隨便取出某類眾生的精子或卵子乃至細胞，無需配種，只對單一的精、卵或細胞進行培養，也可以培育出與所取精卵或細胞同屬一個種類的物種。最近，英國有少數科學家便按此方式，成功地將一隻綿羊「克隆」了出來。他們先從一頭母羊（這頭母羊是黑臉的）體內抽取出一個成熟卵子，然後在顯微手術的條件下將其細胞核抽走，保留原有的大部分細胞質，這樣，這個卵子就成爲一個無核的卵子。然後再從另一頭母羊（白臉）的乳腺中切下小片組織，經過一段時間的培養之後，從中取出單個的乳腺細胞，注入已去核的卵子的透明帶內，這樣，兩個細胞就挨得很緊了，在電融合條件下，兩個細胞將會發生融合。所得到的細胞複合體中，核是來自白臉綿羊的，細胞質則主要來自黑臉綿羊。將這樣的複合細胞在體外繼續進行培養，有的將會發生分裂，培養至多細胞時期（大約六～七天），再植入另一頭母羊子宮中，最後將會有部分胚胎能正常發育成小羊。不過，由於技術條件的限制，目前這種方法的成功率還很低。據報載，同一批進行融合的卵子共有兩百多個，其中只有這頭名爲「桃莉」的小羔羊順利地度過難關，來到了這個繽紛多彩的世界上。

從這隻小羊的實際生產過程來看，操縱它出世的因素主要有以下幾個：從一隻母羊取出成熟卵子並抽走細胞核、另一隻母羊的乳腺細胞，再加另一隻母羊的子宮，（當然，最重要的還是要有前來投胎的神識）眾緣合和，小綿羊於是順利降生到人間。大家可能已注意到，這隻綿羊的出生和公羊的精子無有任何關係，至於它的體態則與那隻提供乳腺細胞的白臉母羊非常接近。通過這隻克隆羊的試驗，有人就此認爲人類也可以被克隆出來，但目前的法律嚴厲禁止科學界進行有關人造人的一切試驗。不過有太多的民眾都願意接受克隆人的挑戰，他們非常想把自己複製出來，因爲這些人相信以此種方式即可無限延長自己的壽命。但若從佛法的角度衡量此類人的想法，則這些所謂的奇思妙想均屬癡心妄想。因痛苦、安樂以及我與我執都依靠眾生的心方能得以產生，它們永遠也不可能等同於外界的物質。而心卻任誰都無法製造、複製，過去、現在乃至將來，人們都不會大量生產出心識這一產品，不僅如此，我們也沒有必要去製造心識，因爲心識始終都在持續不斷地遷流、延續之中。

通過上面所講述的方法，很多人認爲，從理論上講，與自身軀體一模一樣的一個軀體完全可以被拷貝出來。但即便這樣的一個人被生產出來，此人也不會與自己完全相同。就像一個兒子，他的臉形、聲音甚至行爲都可以和其父非常相似，但這個兒子永遠也不可能變成自己的父親。因此我們所謂的相同，最多指身軀的大部分部位相似而已，要達到完全的一致根本就是一件不可能的事。因爲眾生的心識均依各自的前生習氣而得以出現於世，眾生業力各不相同，其心識又豈能整齊劃一？就像一對身軀體態等各方面都非常相像的雙胞胎，但他們的心卻絕對不可能互相替代、歸爲一體一樣。

可憐呀，自以爲是的人們！他們連自己的心識會不斷產生、遷流這一點都搞不懂。自己並不是自己所希望的那個樣子、那種生存狀態，這種與自心心願背道而馳的實際生活景觀，同樣令人可悲可歎。佛教的論典中如是寫道：「有之狀態視而不見，一心只欲無中見有，此等愚不可及之癡昧究從何來？」此類不明事理之人實乃可悲可哀。

上述培育物種的克隆方法，最初應用於一九九七年的二月份，英國科學家當時據此方法成功地養育出一隻克隆綿羊，這一消息頃刻間就傳遍了全球，並引起了世人的極大震動。不過究實說來，這一研究成果其實並無什麼可値得大驚小怪之處。以佛教的觀點來看，眾生身體之形成並非全都得依賴精卵合和，比如依靠土糞等濕潤處所、依處，同樣可以從中孕育出大批生命；樹木、鮮花等物體中也可誕生出眾生，但樹木、鮮花並非是這些眾生的「父母」。因緣具足後，正如前文所引《毗奈耶經》所云：「眾生業力之果報實爲不可思議，以此因緣，亦有眾生之心識會趨入其處。」中陰身之心識即如是入住於一切因緣聚合的地方、環境中。

父精母卵並不需要全部具備，只要能具足其中一個條件，眾生的身軀就可以藉以產生。古代就有這樣的事情發生，比如一個名爲長淨勝的國王，就從其右大腿上生出了一個名叫澤巴的兒子，左大腿上又生出一個名叫烈澤的兒子，諸如此類的事例，佛教經論中多有記載。

我們應該明白，眾生身軀的形成原因原本就多種多樣，只要眾生之身軀得以產生的因緣在一個地方具足，馬上就會有中陰身輕而易舉地進入其中，因尋找神識載體的中陰眾生可謂遍滿整個中陰界。此中景況恰如《毗奈耶經》中描述的那樣：「富樓那尊者以天眼觀水，只見其中遍滿中陰身。釋迦牟尼佛後來即因此而規定道：今後不得以天眼再觀所飲用之水。」

◎善惡業為身體形成之因

除了可以見到的父精母卵等形成眾生身體的因素之外，是否一切令眾生軀體得以成形的因素都可以被我們人類親眼見到？答案肯定是否定的，因爲有許多能決定生命形態的東西，都是凡夫所無法了知、洞悉的，比如前世五處、善業、惡業等皆是操縱眾生軀體的形成之因。《釋量論》云：「今生之五處，即生餘身因。」所以我們必須承認，前世之五處等，完全可以成爲後世身體形成的部分因緣。能夠作爲支援此種論點得以成立的最好的理由即是，如果前世身體上留有疤痕，那麼後世的軀體上也會原原本本地再度浮現出這一痕跡。假若前後世的軀體之間不存在任何關聯，那麼前世身體所遭受之兵器傷痕，後世爲何還會繼續出現？所以我們說前後世之間必定存在某種程度的聯繫。

關於眾生前世身體之痕跡明顯顯現於後世身軀之上的事例，古今中外，不論外道信徒還是佛教信眾，皆共同認為這是有目共睹、眾人現見的客觀存在。如今，在能回憶前世景象的眾多民眾中，親身體驗過這種「疤痕延續」之經歷的人，實在不乏其人。像之前宣說過的阿比，他前世就被人砸破了頭顱，後世轉生為伊士邁時，頭上依然留有前世的傷疤；還有緬甸的一女孩，前世身為男子時，其兇悍妻子用刀砍他肩膀的疤痕，今世再次完整呈現；又比如英國一軍人戰死後轉生於印度的新德里，當初受傷的部位如今仍然傷痕依舊；再看那位日本軍人，轉生為緬甸女孩後，身上還有前世中彈受傷的彈痕留存……，這樣的事例還可以舉出很多。

比如我們前文曾提到過的史蒂文生博士，於《科學探索雜誌》一九九三年第四期上就曾發表過一篇文章，文中提供了大量驚人而又生動的證據，說明一個人的身體特徵可以從前世帶到今生。這裡僅摘錄一例：一名緬甸兒童在下胸部和上腹部中線處有一長長的垂直線淡色胎記，而這個標記恰恰與其死去的阿姨所做的心臟修復手術的外科切口相一致，這名兒童的阿姨就死於先天性心臟病的手術期間。

另外，此生當中如果內臟等患了嚴重疾病，普通藥物已無法對之進行治療。此時，如果對這類患者進行催眠療法，以令其回憶起自己的前塵往事，病人及醫者就都能知曉，這些頑疾的遠因當為前世時病人的內臟曾被各種利器傷害過。以此因緣，病人今生便再度感受無法治癒之病痛折磨。這種現象現在已非常多見，前文講述過的妲娜、安妮的故事，就是這方面的典型代表。目前有眾多的醫學專家及博士學者在從事這方面的研究，他們已寫了很多涉及到這一領域、這一課題的論典。而七世紀的佛教大成就者月稱論師在《〈中觀四百論〉釋》中早就說過：「前世軀體所留之疤痕，於後世身軀上亦會出現，其因乃在於因緣聚合之緣起力現前。以喻明之，譬如於一茅棚中置一缽優酪乳，若有鴿子於茅棚屋脊上走動，優酪乳表面即會浮現出鴿子爪痕，而鴿子並未親臨優酪乳之上。因緣際會，鴿子爪印即可留存於未接觸之優酪乳表層。」同理，眾生前世之身軀並未完全、徹底地遷移到今生，但前世身體的部分特徵依然會借後世之軀體得以再現，這其中的主要原因即是前世所造的善業、惡業。

《入中論》說：「有情世間器世間，種種差別由心立，經說眾生從業生……」；「此處生餘處，賢劣由業造。」眾生從人道轉生於旁生道，又從旁生轉生爲地獄眾生，從地獄再轉生到餓鬼界，接下來又流轉於人道、天界等等，漫長的輪迴生涯中，眾生曾將自己的身體捨棄過無數次，除了自己所造做的善惡業之外，再沒有別的什麼原因可以操縱這一切的發生，就連身體的形狀、美醜等特徵也是由業力掌控的。佛經中再三強調說，如果一個人能堅持行持安忍，則其身形必定調柔、端莊。佛經中還說，「今世相好莊嚴，乃由過去世修持安忍道而來；今世相貌醜陋，乃前世生嗔恨心所致。」

◎穿山甲女的故事

一九八二年七月十二日及十三日的《中國時報》上，就報導了一件非常發人深省的事，由於原文很長，故此處摘錄、整理如下：

一九四八年的一天，馬來西亞聯邦森洲淡邊村，一位名叫張秋潭的農夫在果園耕地時，忽然從土中刨出了一隻穿山甲。這隻穿山甲渾身上下長滿了如牛角一般堅硬的鱗片，牠一直以地洞爲穴，經常吃的食物則是螞蟻等小動物。看到牠，張秋潭馬上就想把牠逮著，結果在圍捕牠的過程中，這隻穿山甲一下就鑽回地洞中去了。此時，張秋潭的三個兒子，還有他那已懷孕四個月的妻子彭仙全都趕了過來，眾人一見穿山甲頓時殺心大起，於是全家老少一齊動手開始了圍剿穿山甲的行動。無計可施之時，他們想到用煙熏火燒的辦法，也許可以把牠從洞中驅趕出來，全家人便立即在洞口堆積了很多木柴並放火點燃。結果忙了半天，卻再也未看到穿山甲的影子，一家人於是大失所望地黯然而歸。五個月之後，彭仙臨盆的日子終於到了，讓所有人都大吃一驚的是，她生下的這個女孩竟長有與穿山甲一模一樣的身軀、形色，整個相貌令人恐懼萬分，就連母親彭仙見到後也不由得嚇暈了過去。

村裡人知道了這件奇聞後，害怕這個怪物長大後會傷及自身，因此他們立即來到張秋潭家，要求他務必交出這個女孩。張秋潭夫婦知道把女兒交給他們後，這個孩子很有可能被眾人殺死，於是夫妻倆就哄騙村人說生下的怪物已經死掉了。從那以後，張氏夫妻便把孩子隱匿起來，並一直讓她在暗無天日的斗室中隱名埋姓地整整生活了三十多年。直到一九八二年的三月間，這個半人半穿山甲的眾生才被當地人發現。人們看到儘管她依然存活於世，但並沒有傷害他眾的心思與能力。認識到這一點之後，大家便放棄了對她加以看管甚或處死的念頭。

後來，馬來西亞《新生活報》的記者還請來皮膚科專家爲其治療，但醫生們均認爲這種病症實在無藥可治。八二年四月七日，作家柏楊先生到馬來西亞發表演講，《新生活報》社長周寶源與總編輯吳仲達兩位先生曾把此事向柏楊先生描述過一番，末了又建議先生最好能親自看望一下這個奇特的女人。柏楊先生最終還是親眼見到了這個女人，探視歸來，他即如是議論道：「我無法形容張四妹（此人姓名）女士的形象，一定要我形容的話，我同意森洲淡邊村村民的稱呼：『穿山甲人』。她頭髮全無，光禿的頭頂，雙眼幾乎呈五十度的角度向上吊起，鼻子塌陷，嘴唇突出，牙齒像墳崗上凌亂殘破的墓碑。其中一個門牙卻像大象的牙一樣，衝破尖聳的嘴唇。滿身鱗甲，令人看了發抖。更恐怖的是她的眼睛，沒有眼瞼，像一條魚一樣，兩眼圓圓的瞪在那裡，而眼眶則又像一個燒紅的鐵圈。……」

一九六三年春天，新加坡兩家報社《星洲日報》、《南洋商報》都報導了以下一事件：馬來西亞吉打洲一漁夫從海中捕到了一隻烏龜，由於此人極其痛恨海中的海龜經常弄破自己的魚網，於是他便拿這隻烏龜出氣。他把烏龜高高吊在一株大樹上，任其被烈日曝曬並最終使之因饑渴窒息而死。幾個月之後，他的妻子生下一個兒子，那個孩子的雙手、雙足簡直就跟烏龜的四肢完全相同。孩子雖說頭上長有眼、耳、口等器官，但它們的形狀卻與烏龜的身體部位無有兩樣。報紙不僅對之進行了報導，還刊載了這個孩子的照片，眾人見後各個震驚無比。

一九九九年的夏天，四川省也發生了這麼一件令人感慨萬千的事情：

一養雞專業戶，將自己所養的雞大批賣給屠宰者及雞販子，令其宰殺以謀取利潤。其妻後來生下一個女孩，這個孩子的雙手與雞爪一樣，直接與胸部相連，而且腸子也暴露在體外，讓人深覺恐怖異常。四川電視臺也對此事進行過報導，很多人都親眼目睹過。

上舉這些事例絕對是不善業成熟後的果報，若非如是，則殺烏龜之人、殺穿山甲之人、殺雞之人，他們的兒女何以會成爲與烏龜、穿山甲、雞相類似的眾生？如果有人問：佛經中不是說自己造的業不會成熟在別人身上嗎？此話確實千眞萬確，但這些與烏龜等動物相類似的眾生之所以會變成這樣，其轉生之因依然得從各自的前生業力上去找尋。也就是說，他們今生轉生爲這樣的形態，是因爲他們前生就造過能致自己後世如是轉生的因。至於父母等其他人所造作的強有力的罪業，則使子女前世的惡業迅速成熟，此中道理在《俱舍論》中有詳細宣說。

因此我們應該了知，即生之身體要得以形成，必須具備父精母卵等現在聚合的因緣、前世五處以及宿世所造的善惡業等三種條件，它們聚合之後，今生之身軀即告成形。這番道理並非像某些外道宗派認爲的那樣，說什麼一切都是由業所造；亦非如世間順世外道等認爲的那樣，說什麼一切都是現在之四大合和而後產生的。佛教無論在見、修、行、果的哪一個方面、哪一個階段，都不會墮入兩個極端。這就是無等大師釋迦獅子如來所建立之唯一道理，亦即一切學說之王。

身心的關係

如果有人問：身心之間到底存在什麼關係？對此則可回答說：身體、心識之間並不存在同一本體或從身體的部分中生出心識，這種彼彼所生的種種關係。前文已論述過身心同體，或身體與心識之間是因果關係等種種說法的不合理之處，所以說暫時來看，我們可承認心身之間存在所謂的能依、所依的假立關係，在能依、所依的關係得以成立的過程中，身體對心識具有一定的利害作用，反過來，心識對身體同樣具有一定的利害關係。

說到心識的本體，可以說它具有一明瞭之本體，此本體不斷地在流轉、遷移，這方面的道理前面已說過。而有關心性的細微特徵及心的特異性，則依身體等其他因緣而得以產生。比如，如果父母具嗔心或悲心或是狡詐之徒，那麼他們所生養的孩童相應也會具有嗔心、悲心或乃狡詐之人，孩子的種姓與父母親有著極爲密切的關係。其實父母的心識與子女的心識各有各的本體，兒女性格上與父母的相似之處，與心性本體並無本質關聯，這些心性特徵主要得依靠身體才能產生出來，父母的心識並不是直接生出兒女心識的原因。

過去，有人依靠聖物而作儀軌以使孩童的頭腦變得更聰明些，現在的人們則使用藥物以求提高智慧，人們對身體採取種種措施，目的只是爲了讓心更加聰慧。另外，如果體內服進某些藥物或酒，心就會陷入發狂、迷亂、自我麻醉的狀態中。再比如，眼睛出了問題，眼識就不會產生，或變得不如以前那麼清晰明亮；大腦若受到損害，心識的功能就有可能遭到徹底破壞……。還有以大悲心施行的自他相換法，都會使心識及身體受到影響，此理就如上文宣說過的那樣。所以說因爲父母的種姓，子女的心性或多或少會產生相應的變化。

正如《釋量論》所云：「若時於心續，利害亦易解，如火與瓶等，以此亦非返。」這裡所說的，並非是在指示人們身體是形成心識的近因，這一點非常關鍵，我們必須透徹、詳細地加以瞭解。同樣，心對身體也有一定的利害關係，下面這個例子就對之作了精彩的印證：

以前有一上師，某天正坐在法座上爲眾人傳法，恰在此時，一條被人用石塊擊打的狗倉皇逃過此處。狗的陣陣慘叫勾起了上師的無比悲心，他感覺那些石塊就好像打在自己身上一樣。結果，悲痛不已的上師，最後竟因此而從法座上一頭摔了下來。當時有些人認爲上師純粹是假慈悲，上師知曉了他們的心思後，就脫去上衣讓這些人看自己的背——石塊本來是打在狗的背脊上，但現在上師的背部卻腫了起來，而且還呈現出一大片紫黑色的傷痕。

又比如一九三〇年的印度，有一位醫生爲觀察一被判死刑者的臨終心態，就對此人說：「人體如果大量出血，決定必死無疑。」到了臨刑這天時，犯人被蒙上雙目，並被拴牢在一張桌子上。此時，那位醫生開始在犯人皮膚上用刀割開一個口子，同時又弄出水滴墜地的聲響，聽起來就好像犯人身上的血正汩汩地往外流淌、滴落。犯人不由得想到：我身上的血馬上就要流乾了。在這種心態下，他的心識很快就迷亂起來，並最終死去。

再來看看前蘇聯著名文學家高爾基的一則日常生活小插曲。高爾基的妻子安德列耶娃曾談起過一件鮮爲人知的事情：當高爾基在卡普里島上創作一部小說時，有一天，在隔壁房間的安德列耶娃突然聽見他的辦公室裡發出沈重的物體倒地聲，於是急忙奔過去，只見高爾基已倒在寫字臺旁邊的地上，兩手還保持張開的姿勢。她俯身將耳朵貼在他的胸前，感到丈夫的呼吸和心跳都很微弱，於是趕緊解開他的內衣，將壓布敷在他的心口上。忽然間發現在他右乳下方有一條粉紅色的窄痕，頗像刀傷，並且變得越來越紅，以至成了深紅色，就像滲出的血。過了一會兒，高爾基恢復了常態，他自己解釋說：剛才寫到小說的主人翁坐在桌子邊品茶，而主婦則含情脈脈地望著丈夫。突然間，丈夫抓起桌子上的小刀，發瘋般地刺進了自己妻子的肝臟。「你明白嗎？」高爾基十分痛苦地對安德列耶娃說：「刀子插進去又拔出來，血就像泉水般從傷口裡噴濺到桌布上，多麼殘忍可怕的行爲！」過後，高爾基右上腹部的紅斑痕一直持續了好幾天才褪掉。

以前印度有位患有眼翳的老人，以此原因，他經常看到碗中有所謂的毛髮漂來漂去。老人認爲兒媳婦總愛把這些不淨之食物做給自己吃，他不由想到：我天天都在吃這些毛髮，這可如何是好？想來想去，老人最後竟因此而得了癌症。後來他自己終於明白，這一切都是因爲自己的眼識陷入迷亂所致，其實飯裡面一根毛髮也沒有。明白了這個道理後，老人的癌症隨即不治而癒。

如今有許多病人得了所謂的不治之症，千方百計用盡一切醫療手段也未見有什麼明顯效果。此時如能借助觀想作意的療法，則很多病症可能很快就會痊癒。一些密宗論典中也說過，唯一依靠修行之力，身體即可修成虹光身。這方面的事例有很多，此處無需一一列出。

這樣看來，心識與身體在合和共處的過程中，互相之間都會對對方造成一定程度的損害或帶來相應的利益，特別是因往昔的串習力所致，心總是要把暫時寄居的身體執著爲實並當成我所，因此身體所感受的一切，心亦同樣感受。爲了身體的利益，心不惜造作種種貪、嗔等惡業；而身體也像心的僕人一般，只要能滿足自心願望，身體可以不顧寒熱饑渴及種種煩惱，刀山敢上，火海願赴，什麼事都可以做出來。身心即如是互相依靠，在它們的關係未終止之前，一直都會以這種方式而存在。

不過，到了一定時候，身心一定會分離，從此即各自漂流、各奔東西，就像小鳥從蛋殼中破殼而出後，永遠就會與孵化自己的蛋殼分道揚鑣一樣。身體與心識之間的關聯中斷之後，身軀就會融入五大而消盡；心識則繼續漂泊於無邊無際的輪迴苦海。所以我們理應了知，身心之間暫時存在有一種假立的關係，不過這種關係也僅是暫時安立而已。

至於說心是身體的一部分，或心需依靠身體才能重新產生等觀點，均屬無任何可靠依據的輕率言論。我們應該依賴可信、究竟的理證，完全、徹底地通達身心關係的本意。如果僅僅因爲看到心識的所依是身體，身體若作利作害時，能依之心識也會產生相應的變化，然後就據此認爲心是由身體所生的，或認定心身是一本體，則此種推理也未免有些太過牽強。正如我們不能因爲看到水依靠盛水之器皿、鳥兒依靠樹木棲息等等類似的關係存在，而且一旦盛水器皿、樹木等發生變化，水、鳥兒等也隨之產生相應變化的現象，就可以推斷說產生鳥兒的因是樹木、盛水器皿亦是水的生因，或樹木與鳥兒、盛水器皿與水屬同一本體。因此，依據不確定的理由，說前後世並不存在，且將這種論調大膽地向全球世人廣爲推介，並說這已是經過科學驗明過的眞理。這種不顧及後果的宣傳，才眞眞切切是對整個人類不負責任的表現，眞心希望這些人能儘快停止自己的這類行爲。

第三章　結語

通過前文的論證，已將前後世存在的道理簡略敘述完畢。這些道理是以佛教論典中早已闡釋過的基本原理作爲立論之基，然後又加上一些二十世紀在美國等科技高度發達的國家內出現的事實，以及眾多科學家經過再三觀察並加以確證的事例做爲補充而進行論述的。我本人在上述基礎之上，以公平的觀察、平和的語言，就如用手指指點山脈一樣簡單講述了前後世存在的理由與證據。本來在佛教各宗派與現代科學的觀點之間，尚有許多可以展開論述的問題，這些問題看來只有留待將來去分析、對比、研究了。願意對如意寶般的一切利樂之源——佛法奉獻出才智與生命的有智之士，都應該將佛教自宗的四大宗派與科學原理之間的關係瞭解透徹。在對其進行對比研究時，哪些是佛教與科學相同的地方、哪些是佛法超越科學的地方、哪些又是佛法遠遠超勝科學且能代表佛教本質最獨特、最究竟的地方，對這些問題不但要自己精通無礙，更要向他人廣爲宣講，這項工作確實非常重要且必要。

如果有人問：科學是凡夫依靠尋伺分別念而得到的一種理智結晶，何必要對它如此重視？從本質說，這話也不算錯。也正是因爲這個理由，所以作爲佛教徒的我們，從不擔心科學道理與發展會對佛法造成本質性傷害。但如果我們能對科學原理及其應用方法增加瞭解，則大家對佛陀教法的信心與定解一定會愈發穩固、增上。如果自己已經通達了這方面的道理，然後又能理智地說給別人聽，那麼這種做法必會對自己和他人帶來極大的利益與幫助，因當今時代，崇拜科技力量的人以及對科學家的言語隨聲附和的眾生本來就爲數眾多。

專業人士肯定藏傳佛學

從另一角度而言，像歐洲、美國等地的眾多科學界人士，其心胸一般都比較寬廣，他們非常喜歡深入並鑽研某些對他們來說本是很陌生的領域、課題，如果一種理論被證明爲有理有據，他們大多都會欣然接受。特別是在現代社會，越來越多的人們對身外物質世界的財富畸形發展狀態已經生厭，講求內心省視的內心科學正方興未艾。在這種時代大氣候下，東西方人士對佛教，特別是對藏傳佛教的內涵、教義便日益重視起來。比如美國哈佛大學、哥倫比亞大學等著名高等學府裡的很多教授、學者、博士，通過再三觀察及智慧思索後，紛紛發表了如下一些無偏袒之見的研究成果、結論：

哥倫比亞大學的羅伯．舒嫚博士（Robert A.F.Thurman Ph.D）說道：「西藏具有最卓越的內在科學文明。」、「藏人今日對世界的最大獻禮，就是他們無與倫比的內在科學知識，以及由此推究出來的整套人類心智轉化術。」另一位美國心理學家丹尼爾．高曼博士則評價說：「在西藏佛教裡，有整套富麗堂皇的內在科學。」、「我確信在東方心理學中——西藏佛學是最優異的例子——可以找到的精神健康模型，眞正遠較我們對精神健康的概念更深入、更廣博。而令我覺得不可思議的是：在我的專業訓練上，以及我讀過的心理學課程中，對於這種已經使用了兩千年以上的心理學，卻連聽都沒有聽說過。……」

正像上述學者理解的那樣，在西方，一些有智之專家、學者及對藏傳佛教稍有瞭解的人士，均未把藏族文化當成迷信、陳舊的落後東西大加鞭撻，他們反而認為從佛教文化的角度出發，應該承認藏族是世界上所有民族當中最好、最理想的一個民族。當他們這樣做讚歎的時候，一方面，我們自己應深刻理解藏族所擁有的佛教文化的魅力與價值，因而別人的譏毀或讚揚都不值得為之生嗔或生喜；另一方面，當科學已成為了當代文化生活領域中皇冠上的那顆明珠，或登上了人們想像力的最高峰時，而且所謂的科學高峰並非是以財富、實力等為衡量標準的，這樣稱讚科學是因為科學理論已遠超過人們日常生活經驗的範圍，在這種前提條件下，掌握了科學理論的科學界人士並未如不深入佛理之人一般看待佛法，因此說作為佛教徒，我們更應該以清淨心弘揚、傳播如是珍貴的佛教文化，這一點實在大有必要。

以上介紹的西方科學界人士對藏傳佛教的看法，都是一些很有代表性的堪稱公允、合理的觀點。西方還有許多學者議論道：「西方的大學教授若能與藏地寺院裡的智者長期共同研討，必將對人類的知識結構帶來實質性影響，必會推動人類的認知向更廣大、更深邃的領域邁進。」所以我們理應了知，當佛教所講說的道理涉及到一些非常奧妙、甚深的問題時，其超越科學的地方何止萬千倍！

前後世存在之理本來就被很多外道及當今眾多的宗教派別、門類所共同承認，比如在古老的基督教教義中就承認前後世存在的合理性，即就是在目前通行的《聖經章節》中，仍然可以極清楚地看到有關輪迴與因果的描述。在基督教成為羅馬帝國的國教之後，主權者為方便管理人民起見，自六世紀中才開始明定輪迴之說爲異端，並大力消除主張輪迴轉世的歐理眞教派（Origen）的信徒及相關文獻。

再來看看追隨落後傳統的一些科學界人士的看法，他們認爲如果不具備大腦，那麼人們根本就無法耳聞目睹身外的一切聲色，同時也不會依靠心進行任何形式的思維，甚至連這一明清的心都不可能存在。但當今世界卻有成千上萬的人站出來據理力爭道：「在瀕死體驗及脫體經驗的狀態下，心識與大腦已沒有任何關聯，但這些經歷過此等境界的人依然眼可觀色、耳可聞聲、心能思維，這些很多人都已親身感受過的事實，怎麼唯獨你們視而不見？」

宗教界人士亦對此發表看法說：「幾千年來，我們已用千言萬語闡述過這一問題，這些關於前後世的實例都是人們親眼所見的事實，不承認之人最好不要輕易毀謗事物本質的眞理。」而科學界中那些心胸寬廣、智慧超群者則議論說：「我們應該敞開胸懷、打開增進智慧的大門，否則，人類的理智就只能裹足不前。西方學者在對心識的認識上的確可謂智慧淺薄，心識其實不一定必須從大腦中產生，因此說前後世不存在的說法無有任何能站得住腳的理由與根據。」

綜上所述，三方面人士在對待前生後世的問題上，大多都持有一致且究竟的看法、觀點，但可惜的是，至今仍有其他人被陳舊的思想觀念所縛，他們的心理疙瘩始終無法解開。不僅如此，這些人往往還要想盡辦法說一些不符合事實眞相的話。但無論如何，就像上文論述過的那樣，新科學理論始終都未能找到駁倒前後世存在之理的論據與理由。具體說來，在涉及到心識的領域內，任何科學儀器都無法對之進行測試、衡量，想借科學的名義以否定前後世的人們，因此而把自己推到了一種非常尷尬的處境中，即就是欲對之進行誹謗也無從得到證據。

科技未證實的，不一定不存在

不論你持的是新觀點還是舊思想，也不管你是從科學抑或宗教的角度看待事物與問題，僅僅依靠、抓住某些片面觀點並死守不放都是一種不合理的行為，我們應該依據正確的理論以抉擇事物的眞相。前後世絕對存在的道理，我們已經翻來覆去地用大量的論據論述得非常清楚明瞭，如果還拒絕承認它的合理存在，這其中的原因恐怕就只能從臺灣學者陳勝英所著的文章中去尋覓了。陳先生曾如是論述道：「一般而言，人們對於前世這個課題所採取的態度可大略分爲幾大類：1、堅決反對，這包括一些學術界及基督教界的人士；2、不反對也不贊成，任其自然，……；3、贊成或不反對，但也不支援，……；4、不預設立場，願意去研究和嘗試，……；5、極欲親身一試，……。坦白說，堅決反對前世觀點的人，所佔的比例最少，但他們的理由卻很充分：衛道、衛教、衛學術，害怕前世輪迴之說會攪亂現代人的倫理觀，動搖他們的信仰，腐蝕人們對科學的信念，誤導人們進入不正確的思考，或引導人們排斥科學對現代人類的壟斷與權威，……。」

坦率地說，這些人的擔心純屬多餘，因爲前後世存在的理論根本不會導致不信仰並批駁科學這種現象的發生。正如有些人假借科學之名義宣稱前後世不存在一樣，這只能說明他們本人的智慧有限。而科學卻從未開口說過：沒有前後世。

讓我們暫且把前生後世存在與否的問題擱置一邊，只看眼前的這一點事實，即在科學力所能及的範圍內，依靠電器設備等種種方法，人們的生活暫時來看的的確確從科技中受益良多，這是誰也抹煞不了的一個事實，人們都能切身感受到。但如果因爲這個原因就過分抬高科技的地位、作用，並進而認爲所謂的科學技術已是無所不知、無所不能，凡是科技未能證實的東西就一概不存在，如果以這種方式對待科技尚未涉足之領域的話，則此種態度實無任何能得以建立的理由，它只是人們的一種增上慢而已。截至目前爲止，科學發展史上一代又一代的科學工作者們，包括牛頓、愛因斯坦等超級大家，他們當初提出的學說中那些不完整、錯誤、偏頗的地方，都被後來人一一推翻並糾正，這種長江後浪推前浪的景象，在當今的科技界依然長演不衰。

但是請諸位看一看佛陀教言的境遇，佛陀兩千五百多年前說過的話如今仍然被證明是不破的眞理，這種無需更改的完整理論在科技發展史上不知存在與否？想來大家應對佛法超越時空的特點有所瞭解、感受。再看科學的局限性，其無法了達的認知領域尚有許多許多，這一點想必自他都可以親身體認到。

我們應該認識到，現代科技其實屬於五明中所謂工巧明的一部分；同時我們還應承認，對科學的片面依賴已經並將繼續給人類帶來大大小小的各種損害。如果這種損害不是客觀存在的話，從科技剛剛開始誕生、萌芽之初一直到現在，也就不會有那麼多的宗教界及社會各階層人士對它的片面、畸形之發展，進行持續不斷的理性反思與嚴厲批判。對待科技的發展，既不需要盲目崇拜，亦不需要如臨大敵、恨之入骨，因爲科學不但不會對佛法造成絲毫傷害，而且在很多地方都與佛教宣說的道理有相似之處，完全可以互爲印證。不過，大家始終都應明白一點，即每當科學深入到一些甚深、廣大的領域時，它就會流露出一副疲於應付的表情。這種景觀我們已屢見不鮮，同時也深感情有可原，因犛牛怎麼可能承辦只有大象才堪能的任務、重擔，這一事實是不可抗拒、無法忽視的必然規律從中操縱的自然結果！特別是對一切智慧的結晶——人類的理智而言，沒有一種理智能將自己的觸角伸向本身無法駕馭的領域去衡量、抉擇、確立這個領域獨有的法則、規範，超越自己能力所可企及的範圍，此種理智將一無是處。正因爲這是事物的本然規律，所以我們大可不必對科技的無能爲力橫加指責。

在佛法中尋找智慧

如果要抉擇一切萬法之實相，這一超越凡夫尋伺分別念的境界，並且根除眾生一切痛苦的根源——生、老、病、死這些苦根，我們必須在佛法中去尋找相應的措施與智慧，現代科技在這些方面可謂離眞理遙不可及，通過理證通達此理對我們來說就顯得尤爲重要。

在智慧的觀照下經過長期、審愼的觀察，才得到關於佛教與科學最究竟意義的論點，並加以宣說，因此說此番論述決非個人胡言亂語的產物。

如果人們能對前後世、業因果的道理生起堅定不移的信解，那麼存在於地球上空的核戰爭等恐怖陰雲馬上就會消失殆盡。不僅如此，弱小、可憐的旁生也會從無辜遭殺等惡性行爲中解脫出來，全體地球眾生都可以盡享今生來世的快樂與幸福。若非如是，則無量眾生都必將深陷痛苦難忍的悲慘境遇中。就以匆匆而逝的這一世紀爲例，如前所述，爆發於一九一四年、延續至一九一八年的第一次世界大戰，就把無數眾生推到了慘不忍睹的劇苦深淵中；而一九三九年至一九四五年間的第二次世界大戰，更是令六十多個國家和地區自覺或不自覺地被捲入，並奪去了六千五百多萬人的寶貴生命，至於財產損失則是一個無法估算的天文數字。我們前面也介紹過，當時鐘處於一九四五年八月六日的上午九點十四分時，日本廣島市的三十萬市民根本沒有意識到滅頂之災瞬間就會降臨，他們仍如往常一樣井然有序地各做己事，生活從表面看來還是那麼美滿、和諧、按部就班。當分針再往前前進一格，歷史的格局馬上就發生了翻天覆地的變化：九點十五分，美國扔下的一顆原子彈頃刻間就使六萬多廣島人魂飛西天，整個廣島頓成一片廢墟，當時的慘像就仿佛地獄出現在人間。時隔未久，八月九日，日本工業城市長崎也遭到了美國原子彈的襲擊，爆炸當口，血腥大海刹那間奔流而出。但慘劇並未就此終結，二戰之後一直到現在，大大小小的國家和地區間戰爭、衝突從未間斷過。據說在本世紀之內，死於戰爭的人數超過以往任何世紀。

這種局面毫無疑問是人們不信仰前後世及業因果之存在，再加上科技的片面發展所造成的無欺之果。僅以核彈爲例，當今世界的核彈，其力量、能量已超過二戰以前之炮彈的千餘倍。而且這些極具殺傷力的核武器現正被廣泛佈置於全球各地的海洋、陸地之上，大有一觸即發之勢。一枚核彈就足以毀滅一個國家，而製造這些超級殺人武器的某些核彈專家，竟恬不知恥地說：「一旦我們遭受到敵國的毀滅性攻擊，只要我們能有一艘核潛艇留存於世就可進行報復性反擊，這艘核潛艇所攜帶的核彈頭足以把敵國中等以上的城市、民眾統統消滅掉。」如今，僅美國一個國家就擁有六七千枚威力巨大的戰略核導彈，若把全世界的核彈頭聚集在一起，其能量可以把整個地球毀滅很多次。

製造並擁有核武器的人們自己認爲所作所爲不過是爲了自我保護、自我救助並抵禦敵人之攻擊，但實際上這種作爲只能導致生存於小小地球上的人類自我滅絕而已，並且這些做法也是造成人類未來徹底覆滅的可怕因素。如果將來的人們依然一如既往地不信仰，並踐踏前後世及業因果的法則，那麼這樣做的結果，就正如律藏中所云：「貪欲增上者必無惡不作。」一個人的貪心只要開始膨脹，此人爲滿足自己的欲望必將不擇手段地造作一切惡業。不過這種人也一定會感受自己所造之業結下的苦果，這只是一個時間早晚的問題。

原子彈的理論締造者愛因斯坦就曾說過：「毀滅世界的時刻正向我們頻頻揮手。」正因爲如此，我們更應該明白並珍惜世間正見的價值與意義：它不僅對眾生的來生關係重大，即生中亦同樣不可缺少。

如是恐怖輪迴之大海，生老病死大浪擊崖岸，
聲聲喚醒欲愛夢中人，勸其厭離輪迴趨解脫。
雪山岩穴藥樹寂靜處，修持禪定捨事修行人，
若聞其聲無疑必定成，於眾生生悲心之因緣。
嗚呼悲哉眾生極愚癡，自陷三有大海猶自矜，
恬不知恥曰無有來生，無異騎馬找馬堪悲憫。
遠離光明善說暗室中，恰似無怙天盲斜懶躺，
無智之軀盡喘邪見氣，頻頻施放邪說之毒氣。
以此悉皆驅散眾有情，心中所具大悲之信心，
貪嗔狡詐烏雲始密布，血腥大海湧出於人間。
惡魔信使逍遙遊此世，謊言黑繩捆綁眾脖頸，
受羈絆不由趨入深淵，對之提起警覺勿鬆懈。
邪見籠罩黑暗遍佈地，喜飲佛法月光之甘露，

慧蓮盛開歡喜心增上，坐禪安樂無法相比擬。
慧光照破無明之暗夜，融融大悲恆護育有情，
現於眾生福報虛空中，理應依止妙法之日輪。
以此所造白法之善根，願諸有情擺脫邪見縛，
願吾生生世世行佛法，且能廣弘聖教利有情。

本人以前就曾打算著此《輪迴的故事》一書，產生這一想法後，不期然又與圖登諾布仁波切會晤於太平洋上之寶島——臺灣。承仁波切當面勸請，後又再三通過越洋電話誠摯相邀，以此因緣，我終於寫出了這一闡述前生後世之理的論著。我一直以為，如果背離了佛陀及諸高僧大德之意趣，僅憑自己臆造並有任何必要與價值。因此，一方面以佛陀以及古德的教言作為立論之基，一方面又考慮到與所謂的「其他語言無法調伏邊地眾生」這種說法相類似的實際狀況，故酌量添加了一些與時下眾生之心行較相合的道理、公案，如此方創作出本書。

附錄一　七則前世今生實例採訪

1. 往來於生死之間

二〇〇〇年七、八月間，聽說四川省甘孜州的某縣城內住著一位死而復生的女人，我便委託朋友向這位三十多歲的藏族婦女打探，可否對她進行採訪，以便讓更多的世人瞭解生死眞相。不久即得到答覆，她願意接受我的訪談。於是八月四日那天，我便專程趕赴她家，請她詳細介紹了當時的具體經過。這位家庭主婦沒有太多的猶豫，她爽快地向我描述起自己的幾次神奇經歷：

我從小就體弱多病，當時因爲家裡有好幾個孩子，而全家的唯一經濟來源又只能靠母親的那點兒微薄工資，貧寒的家境實在沒法供應我看病吃藥，所以我的病就一直那麼半死不活地拖著，一拖就拖了很多年。九四年，我終於來到馬爾康的一家大醫院就診，記得醫生當時對我說：「你的膽管已經發生了嚴重的病變，一定要動手術，否則就有生命危險。」聽罷醫生的建議，我便同意了手術治療的方案，誰曾想，那個手術一動就是七個半小時，還差點兒要了我的命。

在進行手術的整個過程中，麻醉劑的效果非常不明顯，我爲此而感受了巨大的痛苦。就在痛不堪言、劇痛達到最高峰的時候，我開始祈禱法王如意寶晉美彭措上師以及三寶，以求能得到上師三寶的保護，結果一些奇異的景象真的出現了。

突然間，所有的痛苦都消失得無影無蹤，我也來到了一個景色非常宜人的草原。原本家裡有一件羔兒皮的藍色外套，在美麗的草原上輕鬆散步的我，當時穿的就是這件衣服。大約十分鐘之後，我的心識又重回體內，於是那種難忍的鑽心疼痛便再度讓我倍感煎熬……

因病情時好時壞，九六年，我又來到成都華西醫科大學接受診治。住院三、四天後，醫生就對我說：「你的病必須再動手術。」那時我覺得華西醫療設備先進，條件遠比馬爾康爲好，在華西進行手術，肯定不會遭受如前次手術一般的痛苦，於是我便決定接受醫生的建議。誰知，那次長達六個半小時的手術，讓我再次飽嘗了麻醉劑不起作用的折磨，當時我的痛苦實在無法言喻。就在疼痛達到頂點的當口，我再次猛烈祈請法王上師及三寶，於是，我的心識便與上次一樣，輕鬆拋開正被手術刀切割的病體，悠哉游哉地來到了一個冬天的草原。

眞是不可思議，到了那裡之後，我的眼睛就像平常觀看世界那樣，非常清晰了然地看到了草地上的景致，那些長得很高的草基本上都垂下了頭，彎彎的，其場面之逼眞就像親臨現場、親眼目睹一般。我記起來，這片草原就是我小時候常來撿牛糞的地方。

與此同時，我又看到空中浮現出法王上師的身相，剎那間，我的痛苦就一掃而光。可惜的是，十分鐘後，我的心識又重回病體，並馬上開始感受那種強烈的劇痛。

這次手術很不成功，醫生後來對我說，我頂多再活三個月，因膽管的病變已十分嚴重。從那之後，我的膽管便被插進一根管子，帶著這根管子，我又頑強地生存了下去。

大約兩年過後，九七年的冬天，我的病再次發作，這一回眞眞切切是死裡逃生，我本人也親歷了一場終生難忘的死而復生的經歷。當時，病情突然惡化，去縣醫院就診時，我高燒四十一度。渾身難受無比，一句話也說不出，不過思維倒始終很清晰。當時我把頭擱在母親腿上，母親怕我死去，就大聲地對著我的耳朵祈禱法王如意寶、祈禱三寶。她還大聲地勸我跟她一起祈請，我便跟著她在心裡默默禱告起來。

接下來的事情現在想起來都覺得非常奇怪，就在躺在正對門口的病床上默禱的時候，房門的上方，忽然現出法王的形象以及過去由親屬們做的度母像，兩個形象同時顯現，且交替旋轉，對此，我看得清清楚楚。我很想對母親說，請她老人家不必傷心難過，既然已看到了法王還有度母，我就不會有什麼生命危險。不過，儘管這樣想了，但嘴裡一句話也說不出。接著，我的瞳孔開始放大、擴散，自己感覺似乎瞳孔越來越大，最後竟發展到像碗一般大小，然後就什麼都看不見了。

縣醫院的張大夫剛好趕來給我摸脈，他一檢查，發現我的心臟也停止跳動了，脈搏也完全沒有了，於是就對我的家人說：「她已經走了。」這句話我聽得一清二楚。此時，母親在床頭拚命念誦諸佛菩薩的名號，我同樣聽得很清晰。在這個過程中，我沒有一絲一毫的痛苦覺受，只覺得四周靜悄悄的，萬籟無聲，一片祥和與寧靜。就像寂靜的深夜，一切聲響都可被自己的耳朵捕捉到，我就這麼體會著有生以來少有的平和感。

醫生們開始進進出出，一點兒也看不見他們的形象，但完全感覺得出他們的一切活動。誰進來了，幹了些什麼，我心裡全知道。此時心中不由想到：我好像是死了。耳旁充斥著眾人們的談話，這種感覺確實很古怪，我想這些人說這些話到底用意何在啊？沒有悲觀，也遠離了恐怖，心中只剩下剛才這一個念頭。

家人準備去請喇嘛念經，爲接送喇嘛，他們開始發動一輛北京吉普。可能是天氣太冷的緣故吧，他們又是燒水，又是加熱，忙了半天。大約半個小時之後，家人陪著一位活佛回來了，就在此刻，我終於又活過來了。剛才還感覺身體很輕，心識回到身體中後，卻感到身軀十分沈重。

第二天，我問縣醫院的醫生，昨天發生的一切應如何解釋。醫生也說不出個所以然，想了半天，他才對我說：「心跳雖然已完全停止，但在五分鐘以內，大腦可能還不會死，會不會是這個原因讓你又甦醒過來？」這個解釋肯定行不通，因爲我的心識至少飄蕩了半個小時以上！

經歷了這件事，從此以後，一有機會我便對親朋好友們說，千萬不要在一個人剛剛死後就當著他的面直接說他已經死了，因此人的心識完全可以聽到。對我來說，我倒沒有什麼恐怖及怨恨心態，但別人未必會這麼想，他們也許會深感焦慮、哀怨。這個時候，最好的方法便是念誦祈禱文或佛號。另外，人死之後，萬勿將其立即掩埋或火化，也許這個人根本就沒有死。

說到這裡，她的神情略微顯得有點兒激動，平息了一下，她又接著對我說：

我已告訴我的丈夫和母親，我畢竟是一個病人，而且病得很嚴重，不知何時就會突然死去。但無論如何，當我死時，千萬別馬上就觸摸我的身體。經歷了這幾次往來於生死關口的體驗，特別是最近的這一次，我現在已深深體會到，所謂的死亡絕不意味著徹底的斷滅；同時我也深刻感受到，生死關頭，上師與三寶是唯一的依怙！

2. 一位中學教師的瀕死體驗

二〇〇〇年十一月份，從朋友口中得知，在我所住地的附近一縣城，有位中學教師曾有過一次瀕死體驗。於是我馬上讓朋友先行採訪一下那位教師，看他能否接受我的採訪。朋友很快就回話說，那個人願意接受採訪。聽到這一消息，十一月的某一天，我便專程前往這位漢族老師的家中，與他進行了眞誠、親切的交談、溝通。他對我說：

九八年的七月，當時正值暑假，有天不經意間我忽然食物中毒了，結果人馬上躺倒，渾身上下痛苦異常。送進縣醫院急救後，一直也沒什麼太大起色，就這麼一直拖了很長時間。病得非常嚴重時，有次我感覺從原先的身體裡面突然又產生出一個新的軀體，這個新身體飛出體外，就站在病床旁，看到自己原來的身體還在床上躺著，而周圍則圍了一圈醫生。

當時感覺自己就站在病房門口，從門口那個位置望過去，醫生們的一切活動都盡在眼前。但我只能看見他們的嘴在動，而聲音則一概聽不見，故我也不知道他們都在絮叨些什麼。就在那個時候，心裡猛然生出一個念頭：何不去看看家鄉的老父親！剛一想，抬腿就走上一條黃泥窄道。只見道路的右邊就是萬丈懸崖，而左邊則荊棘叢生。走著走著，忽聽後面有人在叫我，於是我便掉轉頭又朝回走去。回來的路上，途經一口黑色石頭質地的水井，從中爬出來後，就感覺水井裡面有光發射出來。那光把我的身體向上托去，且使我在井口上方的空中旋轉不已。當光芒漸漸退回去之後，我的身體也開始慢慢下降，並最終又與原先的軀體融合爲一。印象中，從原身生出的第二軀體非常輕盈，眞可稱得上是健步如飛。

聽完他的敘述，我便進一步問他是否聽說過類似的現象，或看過介紹此類現象的專著文章。他則告訴我說，以前從未有過這方面的任何經驗，也沒有聽過什麼瀕死體驗的點滴消息來源，就連「瀕死體驗」這幾個字還是頭次聽說。接下來，他又告訴我說：

有了這次體驗，我的生活從此發生了很大改變。原先我對佛教一直半信半疑，應該說是個標準的懷疑論者。但再生之後，每天早晨我都要去縣城邊上的寺院轉繞，還要燒香禮佛，因爲新的精神支柱已隨著新生命的開始日漸確立起來！

3. 死後再生 母子情深

死亡與轉世是所有生命都必須面對的，死往何處去，自己無法選擇；神識暫時的落腳點，他人亦無從知道。一切生命都將依次離去，這是一個不爭且令人無可奈何的事實。無明籠罩下的黑暗大海，充斥其中的除了恐怖還是恐怖！

然而，有些眾生卻因著業力、願力和不可思議之緣起力的緣故，以致能死而復返，返而再聚，聚後又認出前世之親朋好友且因之而悲欣交集。諸如此類的情景，古今皆有，中外皆聞。聚散無常、生死恍如夢境，這就是輪迴的軌則。如同穿梭於魔女的齒尖，眾生就這樣隨著業力與煩惱，在無明的苦海中永無止息地輪轉個不停。

西元二〇〇二年五月，聽說旭日鄉江古村有個小女孩能夠非常清楚地憶念前世，打聽到這一消息後，將信將疑，我立即就近詢問了一些與她同村的人，結果眾人都異口同聲地回答我說：「確有其事！」不僅與她同村子的人，甚至鄰近村落的人也知道這件事。爲此，我於六月十日專程前往江古村，走訪了當時親眼目睹過小女孩回憶前世景象的一些目擊證人。

這個女孩前世也身爲女人，並育有三男二女，其中有些至今仍健在，不過大多均已年高體邁。兒子中的年長者，二十歲時即離家前往果洛，母子自此再也沒有見面。長子離家後，母親極度地思念他，於是便經常發願、祈禱三寶，渴求三寶能加持他們母子再度相見。然而終究緣慳一面，以致晚年雙目失明時母子仍未能如願聚首。約莫二十年後，亦即西元一九八八年，前往果洛的長子的幼女產下一名女嬰，母親在懷她時，就曾做過一些奇妙的夢；出生後，到了剛會說話時，她即能說出很多有關她前世的細節，而這些事情從未有人告訴過她。一九九〇年，小女孩三歲時，爺爺、奶奶和父母帶著她回江古村探親。在江古村裡，小女孩非常清楚地辨認出了前世的村子、房子、家屬、鄰居以及前世熟悉的一些對象，據此，她的親屬們都認定她就是老母親的轉世。

這次到江古村，我首先訪問了次子的兒子。他追憶道：「小女孩三歲時到我們家，他們才到山腳下，她就認出了我們的村子。」接著他又說道：「奶奶原來在世時，我們家住在江古村的最下方；奶奶去世後，才搬到江古村的上方。小女孩領著她的爺爺、奶奶和父母一直走到舊房子處，當時小女孩說：『原來我們的房子就在這裡，但現在房子卻不見了。』接著她就見到了我的父親（次子）和叔叔（三子），在未經任何人介紹的情況下，她立刻就認出了他們，並且跑上前去抱著他們哭，我父親和叔叔也跟著哭。後來，她還對叔叔做出餵奶的樣子。剛一見面，她就非常疼愛我的父親和叔叔，因此家裡的老一輩一致覺得，這個小女孩就是他們母親的轉世。」

小女孩前世的一個女兒及次媳就住在離我不遠處，我也就近做了採訪。她們說：「我們母親非常想念離家的長子，她念珠中較珍貴的珠寶，通常都會取下來供養僧眾誦經，以祈求能與長子再次相見。然而由於當時的交通極其不便，故始終也未能見上一面。」她倆其餘的話則基本同前所述。

接著，我又去採訪她的第三個兒子。他是一個出家人，與我在同一個佛學院。他說：「親人們回來的那一天，當時我們正在村子附近舉行法會，家人們已先行回家，因爲我要領眾誦經，故較晚才回到家中。到家時，小女孩和她母親正好站在陽臺上，一見我她就對她母親說：『這是我最小的兒子。』正吃晚飯時，小女孩提出要和我一起睡覺，她母親就對她說：『不許這樣說，快讓叔爺爺吃飯。』但她就是不聽，仍堅持要和我睡在一起。當晚我們就在一起睡，她還做出餵奶的樣子，非常疼愛我，往後的五六天裡也一直如此。」

爲了徹底瞭解實際情況，六月二十四日我又專程前往青海果洛採訪小女孩以及養育她的爺爺、奶奶和她的父母。

我先訪問她的奶奶。奶奶現年八十四歲。她回憶道：「在小女孩剛會說話時，有天早上，她爺爺還未起床，她就對我說：『這是我兒子。』當時我並未在意，只是開玩笑地對她說：『你的兒子好小哦！』有一天，她又對我說：『我非常想念我的兒子，於是就騎在一條白龍背上來找我的兒子。以前，我每天都到房頂上看看兒子回來了沒有，每當日落時，我就會想：今天兒子又沒有回來。那時我就會感到既傷心又失望。』有一次，她爺爺和叔爺爺從果洛去旭日，那天正巧下著大雨，她從窗戶看到外面在下大雨，於是就說道：『上師三寶保佑我的兒子，願我的兒子心想事成。這個雨要是不下該多好啊！』」奶奶接著又說：「每當我聽到這麼小的孩子說這些話時，我都會情不自禁地流下淚來。」正說著，她的眼淚又無法抑止地滴落下來。她一邊拿紙拭淚，一邊接著敘述。看到這種景象，我的內心也不覺泛起一絲感傷。她繼續說：「後來，我們帶孩子去旭日探親，她認出了她的村子、兒女還有村裡的人及很多東西。記得我們剛到江古村邊時她就說：『這條路我以前趕牛時走過很多次。』有一天，我們又去智古村，回來的路上她對大家說：『就在這裡，以前我的兒子腳受傷流了很多血，也許現在還留有傷疤。』說著說著，她就要她爺爺脫下鞋來看看，儘管沒有看到傷疤，但我們還是愈來愈感覺她就是他們母親的轉世。」

接著，我又去訪問爺爺。爺爺現年八十二歲，他說：「一開始，有天我睡在床上還沒起身時，小女孩就對我太太說：『這是我兒子。』當時我想：小孩子的話不可信，所以也一直沒把這事放在心上。有時，小孩子調皮不聽話，我就罵她，那時她就會說：『我是來找你的，你怎麼還罵我呢？如果你再罵我，我還有很多子女，我可以回去跟他們一起生活。』有時，她又會說：『你竟然敢罵你的媽媽！』還說：『在我非常想見到兒子的時候，一條白色的龍就飛過來了。龍告訴我要把我送到兒子那裡去。』她雖然說了這些話，但我依然沒有在意。一直到她三歲時，我們回老家探親，那天在山腳下車，大家先在河邊的草壩上休息了一會兒。當時只見山腰上有上、下兩個村落，那時她父親就問我：『我們的村子是在上面，還是在下面？』我還來不及回答，她就已經捂住我的嘴不讓我說話，並搶先說道：『不在上面，在下面。』那時我感到很奇怪，因爲在我們幾個人中，除了我以外，誰也沒到過這兒，她根本不可能知道下面的村子就是我生活過的地方。我二十歲就到外面流浪，在這之前，家裡所有的活兒都我一個人做，我就如同母親的左右手，所以在母親的五個子女中，她特別疼愛我。」

然後我又去採訪了她的父親。他告訴我：「我們到山下河邊時才發現村裡的人都去參加法會了，因此看不到一個人。她爺爺因離家太久，根本找不到回家的路，於是他們就說等到有人出來時，問了路再走。那時她就說：『我找得到路，我會走，你們跟我走就行了。』接著她就一直走在我們前面帶路。快接近村邊時，我對她說：『不要跑到前面去，村子裡也許有狗。』她就說：『我們村子裡沒有狗，我們家原本就沒有狗，現在也不會有狗。』然後她就把我們帶到了舊房子那裡。房子已搬了，她看到後就疑惑地說：『我們的房子原來就在這兒，現在不在了，誰知道搬到哪兒去了？』後來，我們到拉則寺去朝拜，回來的路上下起雨來，大家就到策得村的巴雍家避雨。他的房子很老舊，裡面沒有鋼爐，也沒有煙囪。火生起來之後，一屋子都是煙，她就說：『我的眼睛很痛，我的眼睛又瞎了。』說完就哭了起來。」

接下來，我又去採訪她母親。她說：「在懷她時，我做過一個夢，夢中來了一條白色的龍，口中放光照射到我的身上，而她的生肖正好屬龍；她在很小的時候也說過，她是騎著白龍來的，不知道這是什麼原因，反正這三者是一致的。我們到旭日去探親的第一天，我叔叔從法會上回來的比較晚，小女孩一見到他就對我說：『這是我最小的兒子。』晚上就跟他一起睡。有一天來了一個人，她看到後就說：『沃洛來了。』這個人叫沃洛，和她爺爺同年。當時我就問叔叔：『他是不是叫沃洛？』叔叔說：『就是，你怎麼知道的？』後來又來了一個女人，她叫更仲，小女孩一見就說：『這個是更仲，小時候她臉上的黑痣小小的，現在怎麼變得這麼大？』又有一天，我們去親戚才讓東珠家，他們家有一個牛皮包的轉經筒，小女孩看到後就說：『這是我們那個時代的東西。』還有一個牛皮包的盛水器，她看到後也說：『在我們那個年代，這是很珍貴的東西，怎麼現在都丟在這兒了？』回來的時候她則說道：『原來這裡沒有路的，現在已經有了這麼好的公路。』五、六歲時，她很不聽話，我們罵她，她就說：『你們罵我嘛！我是你們的奶奶。』」

最後，我去訪問她本人。她現年十四歲，是一個五根俱全，極其聰穎的女孩。她說：「現在，我已不記得前世的任何事情，我們到旭日去的很多事情，現在也已經忘記了。去旭日的時候，我只記得有爺爺，其他還有什麼人就記不得了。我記得爺爺的腳好像受了傷流過血，但是這個記憶現在也很模糊。另外，我也分不清有些情境到底是夢境，還是回憶。記得小時候作夢騎著一條白龍過來，但我分不清這是在母親告訴我『你曾說過你是騎著白龍來的。』之後做的夢，還是在這之前做的夢。有時突然看到一些前世的東西，馬上就會產生一些特殊的感覺，知道這是屬於我前世的東西。有時看到一些新東西時，又感覺很像前世的東西，再仔細看看，好像真的在前世見過似的。前世的事情雖說我已記得不很清楚了，但我感覺自己就是爺爺母親的轉世！現在，在全家人裡，我最愛的也是爺爺。」

另外，她的家人說：「小孩三歲時能把前生往事記得非常清楚，要是在那個時候採訪她，問什麼問題她都答得出來。六、七歲之後，前世記憶就逐漸衰退，她本人也不大提前世的事了。」

後來，我又去問了江古村其他當日曾親眼目睹過此事的很多出家人以及在家眾，最後發現每個人所說的話都是一致的。

在整個採訪的過程中，自始至終我都在再三觀察，看看其中有沒有欺騙的可能性。最後則發現，這是一個千眞萬確的事實，其中沒有摻雜絲毫的謊言與妄語。

4. 逝而復返

二〇〇二年的夏天，聽說果洛班瑪縣多貢瑪寺有個小孩能夠很清晰地憶念前世，透過幾位朋友的介紹，我遂於七月十一日前往多貢瑪寺，開始了一系列的調查探訪工作。

在正式報導前，請容我先簡略地敘述整個事件的始末：之前，多貢瑪寺有位僧人名叫圖旦洛沛，二十七歲時由於腦疾、頭痛而病逝，去世後在極短的時間內他就轉世再來。

一九八九年，一個名叫吉美圖旦的小男孩誕生在果洛甘德縣闊曲鄉的烏果村，他身上先天就具有一些與眾不同的特徵——剛會說話時，即稱呼前世母親的名字；經常提及前世的住處、親人和許多別的細節，諸如他曾說過：「我是班瑪縣多貢瑪寺人，母親叫作那沃……」等等。在和其他小孩玩耍時，他常常會拿起一塊布把頭纏起來並說道：「我的頭有毛病。」當聽說其他人頭痛時，小吉美圖旦往往表現出非常關心的樣子。四歲時，家人帶他去金川縣朝拜著名的觀音像，回程經過多貢瑪寺時，他嚷嚷說：「我媽媽和我的家就在這兒。」說著說著就鬧著要在那兒下車，還準備從車上跳下去，幸虧家人及時抓住了他的腰帶才避免了跳車事件的發生。

後來，在他五歲時，舅舅生病前往班瑪縣就醫，小男孩表示一定要隨其前往，家人不得已只好帶他同行。當時，在前往班瑪及回程的路上，他說出了前世的寺院、住家等許多情況，並在無人告知的情況下，清楚地辨認出很多前世交往過的親友。很多人因之而堅信他就是班瑪縣多貢瑪寺的圖旦洛沛之轉世，不久這個消息就傳開了。

多貢瑪寺在知道他就是該寺院的圖旦洛沛之轉世的消息後，廟裡的僧、俗二眾通過討論商量後決定派人前往甘德縣將他帶回寺院裡居住。他們一共派出了十幾個人，其中包括寺院裡的活佛、堪布、管家以及他前世的父母。一行人來到甘德縣的隆嘉寺後，發現這一世的圖旦洛沛也是個小喇嘛。當時，小男孩在人群中很快就認出了他前世所在寺院的堪布、管家，以及他前世的父親。之後，眾人便把小孩請到多貢瑪寺。回到寺院後，他又認出了前世的衣服、住所等遺物、遺址還有家中的牛，並把除了家人以外其他人不知道的細節全都一一說了出來。另外，他對前世父母懷著與現世父母一樣的深厚感情，完全視如親生父母一般。這樣一來，當地的僧俗二眾都堅信：吉美圖旦就是圖旦洛沛的轉世。

那些曾親眼目睹過吉美圖旦指認房子、人物的當事者，如今分散在多貢瑪寺、果洛大武及班瑪縣的阿江村三個地方。這次查訪時，我分別前往這三地去採訪當事人。多貢瑪寺距離阿江村四十多公里，從喇榮至大武有五百公里，來回一千多公里的路程，由於正在修路，極其顛簸難行，故一路行來倍感艱辛。尤其是在半個月之前，爲了調查類似的事件我本人已前往過大武一次，所以此次一想到還要在路上艱難行進，內心就感覺苦不堪言。但爲了求證此事，我仍然一如既往地再度前往，因爲一個理由、一種信念始終在支持著我——這些事實應能將生死輪迴的眞相顯示在人們面前，而不經他人說明、只由事物自身現身說法的事例、論據才是最可信的。

採訪實錄

最早把這個消息帶到班瑪的人，是阿江寺的僧人札西，因此他自然就成了我的第一個採訪對象。

他對我說：「當時，我去參加隆嘉寺一位活佛的坐床法會，其間我們住在一位朋友熟識的人家中。安頓好後，那戶人家知道我是班瑪人，小男孩的母親拉助就對我說：『我們家有個小孩，他經常說：「你不是我媽媽，我媽媽在班瑪，叫那沃。」我爲此而感到很困惑，這究竟是怎麼一回事呢？』於是她叫我去問問小男孩，看他是不是眞的知道有關班瑪的事。當時那個小孩正在睡覺，他母親把他叫醒並說道：『你不是經常說你是班瑪人嗎？現在，這兒有個班瑪人，你和他聊聊天吧！』我就問那個小男孩：『如果你是班瑪人的話，那麼請問你是班瑪哪戶人家的孩子？』小孩聽後就回答說：『我是班瑪多貢瑪寺人，我的母親叫那沃，我家有很多山羊，我要回去幫媽媽放山羊。』聽到這些話時，我立刻想到這個男孩很可能就是幾年前過世的圖旦洛沛的轉世。回來後，我馬上把這件事講給我寺院裡的幾位僧人聽，結果沒過多久這個消息就傳開了。後來，他的母親那沃還特意跑來問我是否眞有其事，爲了避免引起那沃傷感，我就告訴她說：『確實有個小男孩，但具體情況他說的並不是很清楚。』」

我的第二個採訪對象，是小男孩五歲時和舅舅坐車去班瑪、當時剛好開車載著他們的兩位司機——仁才和肯塔，他們一路上都聽到小男孩在不斷地提及前世往事，出於好奇於是便問了他很多問題。我首先採訪了肯塔，他說：「我們從達日回班瑪時，車上載了幾個人，其中有個小孩和他阿姨就坐在我們的駕駛室裡。一路上，小男孩都在叨唸著說他前世是班瑪人，還講了很多有關班瑪的細節，而且講得都非常正確，所以我們就決定試試他。小孩有時在車裡睡著了，醒來時我們就告訴他說已經到了多貢瑪寺，然後我們就在一旁悄悄觀察。只見他看一看周圍環境之後，馬上說道這不是多貢瑪寺。後來，在沒有到達多貢瑪寺前他又睡著了，等眞的到了多貢瑪寺時，他正好醒過來。我們就告訴他：『剛才你睡著時我們已經過了多貢瑪寺，現在是多下瑪寺。』誰知他看了看就說：『還沒過呢，這裡就是多貢瑪寺。』接著他又說：『那邊高房子旁邊的小屋子就是我住的地方。』

後來經過查證，證實那房子的確就是圖旦洛沛的屋子，他準確認出了自己前世待過的寺院和房子。接下來，仁才繼續把車開到班瑪，肯塔就在那裡下車，並去圖旦洛沛的家告訴他父親說：「有個小男孩能認出你們家來，他一定是圖旦洛沛的轉世。」但他父親卻不以爲然地回答說：「不會是我們家的孩子。」說罷也就把此事擱置一旁。

後來他又認出了他寺院裡的活佛。住在大武的奶奶對此解釋說：「在去班瑪的路上，我們看到有輛摩托車拋錨了，有個人正在修車，我們的司機就下去幫忙。那個時候，小孩突然跑過來對我說：『這個人是拉保活佛，是上、下兩個寺院的住持。』到了班瑪後，我們住在一家旅館裡，當從窗戶看到那個人正走在街上時，他就下樓跑到那個人跟前握住他的手說話。」

對於這件事情，後來我也去問了拉保活佛，他回答說：「我正走在班瑪街上，忽然有個小孩跑過來握住我的手，還很高興地說：『活佛你好嗎？我和奶奶住在那家旅館的二樓，你也到那兒去，我們一起聊聊天吧！』當時，我以為他是我在班瑪的一位施主的孩子。」

從班瑪返回時，一行人搭乘拉欽的車子，當時駕駛室裡有梅隆和嘎決。嘎決是在圖旦洛沛過世後才到他們鄉上的幹部，小孩就坐在梅隆的腿上，拉欽則是圖旦洛沛的叔叔，梅隆也是他的親戚。這三個人聽說小孩可以記憶前世的事情，於是他們就開始盤問、觀察。這次採訪時，我先訪問了拉欽，他說：「我們聽說這個小孩是圖旦洛沛的轉世，於是就想好好觀察、盤問他一番。我先問他：『你認不認識我？』小孩回答說：『我當然認得你，你是我叔叔。』我又指指梅隆問他：『這個人你認識嗎？』他則回答說：『他也是我的親戚。』然後我又指著嘎決問他認不認識，他仔細看了看後說道：『這個人我不認識，他不是我的親戚。』」

後來，我就這件事詢問他本人，孩子回覆說：「當時，每當車子要經過懸崖、河邊時，那個嘎決就會說：『你好好回答他們的問題，要是不好好回答，我就把你扔出去。』我心裡自然很清楚他們二人是我的親人，而他肯定不是。」

拉欽還說：「回程時在多貢瑪寺前要經過一個檢查站，那天，很多多貢瑪寺的人知道能記憶前世的孩子就坐在車上，於是很多人都跑去測試他。有一些女人對他說：『我是你媽媽。』他則回應說：『這些人都不是我媽媽，我媽媽叫那沃。』有人問他：『你的房子在哪裡？』他回答說：『我的房子在那個大房子的上面。』」

梅隆則補充說明道：「我們經過寺旁公路時，發現寺院裡有一個九層高的佛殿，看到佛殿，小孩就說：「這個佛殿好高哦！」我就對他說：「你應該知道這個佛殿才是，因爲你在的時候它就有了。」小孩卻說：「我在的時候還沒有，那時剛剛開始蓋它。」當時我認爲他答錯了，但後來經過討論之後證實，圖旦洛沛在世時這座佛殿的確還沒有矗立起來，當時正準備開始建蓋。再往後，多貢瑪寺的僧人和寧達村的人準備前往甘德接回小孩，這些人中有：拉保活佛、圖旦江措堪布、策保管家、沃嘖、小孩前世父母、拉欽和我共十五、六個人。我們到甘德隆嘉寺找到小孩時，拉保活佛爲了觀察事情眞僞，於是就指著圖旦江措堪布問他：「他是誰？」小孩仔細看了以後回答說：『是圖旦江措堪布吧？』剛好在那兒有好幾個男人，他們就逐一詢問是否是他的父親，他都搖搖頭。直到他前世父親由帳篷外進來時，他才用手指指他，不過卻並未開口說話。」

我又去問了圖旦江措堪布，他說：「那個小孩在這一世從未見過我，也沒有任何人向他介紹過我，在此之前，他絕不可能知道我是圖旦江措堪布，但在那一天，他一看到我就認出來了。」

我又採訪了他前世的父親嘎欽，他說：「我的孩子圖旦洛沛轉世到甘德的消息是由阿江寺傳來的，小孩母親的親屬聽到風聲後就要求我去見見面。我回答說：『小孩的話不可靠，應該不會是我們孩子的轉世。』當時我既不接受也不太在意這件事兒。但在那天見到小孩時，他的確認出了我，還用手指著我。認出我之後，又反反覆覆地端詳我的臉，並且從他的眼神來看我就知道他已認出了我，他臉上還帶一點悲傷的樣子。從那以後，我開始堅信他就是我兒子的轉世。當天，他穿的衣服非常破爛，身體、臉色都很差，一看到他時，我內心非常難過，因爲以前曾有一些人告訴我他已去了淨土。我以爲他在淨土，根本沒想到他又轉世成這樣的一個小孩，所以我很傷心，不敢靠近他身邊。」

嘎欽在敘述時，禁不住落下淚來。

緊接著，小孩在第二天就堅持請前世父母到家裡吃飯。後來，他們就把吉美圖旦和奶奶、舅舅三個人請回寺院住。

回來的第一天晚上是在寺院裡度過的。第二天一早，小孩就說一定要回父母家看看。他騎在一頭牛背上，他前世的妹妹牽著牛帶他回家。路上他對妹妹說：「原來你很小，我很大；現在你很大，我很小，好奇怪喔！」回到家後，父親嘎欽、母親那沃、妹妹沃既和他，一家四口人又再度聚首。

這一天，對嘎欽一家人而言，眞是畢生難忘的一天！

回來後，小孩在嘎欽家中又認出很多事物。爲此，我親自求證於嘎欽。

嘎欽回憶道：「在他回家的當晚，吃完晚飯準備就寢時，他對我說：『我的被子還有嗎？』那床被子的綠色被套，在他去世時因供養給阿雅喇嘛念經已經不在了，但我當時卻故意回答說：『有啊！』沃既把被子拿過來給他看，問他：『是這床嗎？』他仔細看了看，然後說：『這個被套不是。』我就問他：『你的被套是紅色的、白色的、綠色的、黃色的？到底是什麼顏色的？』他回答：『是綠色的。』這時，他聽到外面有狗叫聲，就對我說：『爸爸，原來我們有一隻很好的狗，有一次，跟你一起去放牛，結果在山上弄丟了，這隻狗找著了沒有？』這件事除了我們自家人外，沒有任何外人知道。我們又爲他鋪了一塊藏毯，第二天起床時，他翻開藏毯看了一下，發現有一段破了的地方，他前世時曾縫了一小節，其他部分則是我縫的。他看了看邊沿，看到他前世縫的幾針後就說：『這是我的藏毯，這一節是我縫的。』我就問他：『除了這節以外，還有你縫的嗎？』他說：『只有這節是我縫的，其他是誰縫的，我不知道。』」嘎欽停了一下又接著說：「我從拉薩買回過一對藏毯，其中一條供養給法王，另一條讓兒子帶到寺院去，這條藏毯的確是我兒子的，那一小節也的確是他縫的。那個時候，多貢瑪寺的烏金膠喇嘛也在場。」

於是，我又去詢問烏金膠喇嘛是否去過嘎欽家，有沒有目睹小孩回憶前世的情景，他回答有，且敘述內容與嘎欽完全一致，毫釐不差。烏金膠喇嘛還說：「那時，小孩對父親說：『有一天，我們家的一頭牛被狼殺了。』他指著前面的山上，又繼續說：『當時，我和你們一塊去剮肉、剝皮。』他還問他父親：『你記得有這回事嗎？』嘎欽說：『我不記得了。』」

關於這件事，我也去詢問了五十公里外的沃既。我問她小孩回家時她在不在，她回答在；又問她有沒有看到他回憶前世的事，她說有，而且所述與嘎欽一模一樣。

我又向小孩本人求證，他現在住在距離班瑪三百多公里的大武。我問他回家後有沒有認出很多事物，他說有，並且一一道來，與嘎欽等所述一致。

嘎欽又說：「小孩回來後認出了一頭犛牛，那頭牛是他幼年時和許多小孩經常騎的牛。他還說：『原來它的毛像我頭髮一樣黑，現在變黃了，不好看。』又有一次，他對母親說：『我有一次在閉關時，鄰居房頂上爬上了一頭牛，你們叫我去趕下來，你現在還記得嗎？』他母親和鄰居都說確有其事。」

嘎欽還告訴我，有一次，小孩和沃既去放牛，認出了前世的關房，「在他回來的第四、五天，沃既和他一起去放牛，他們去了他前世閉關的小屋，那時，房子已沒有了，但是有一個小土堆，上面長滿了草。他就把腳踏上去，並說：『這兒是我的房子。』那時候，我們還沒有收養沃既，所以沃既回來就問我和他母親，我們說：『他的關房原來的確是在那裡。』」

於是在採訪沃既時，我也就此事向她詢問，她的說法一如嘎欽。後來，我也詢問了小孩，他的回答亦與嘎欽、沃既相同。

嘎欽又回憶道：「有一次，我和阿江寺的彭措喇嘛及小孩一起去班瑪縣城，路上邊走邊聊。彭措喇嘛在他前世時曾來過我們家一次，在聊天時就隨口問起：『以前我來的時候，你們家在哪裡？』我還來不及答話，小孩脫口就說了地名，的確就在那裡。」

自然，我又去阿江寺拜訪彭措喇嘛。在訪談中，我問他有沒有見過小孩？小孩有沒有提到前世的事？彭措喇嘛首先提到的就是這件事，而且說法和嘎欽完全一致。

為了深入查訪，我又特別前往多貢瑪寺。寺裡的喇嘛嘉既說：「小孩到寺院幾天後，有天他奶奶和幾位喇嘛在一起。他一看到我就跑到奶奶耳朵邊上悄悄說了幾句話，奶奶就和周圍的喇嘛說：『小孩說那個人他認識，他是嘉既。他是不是嘉既？』雖然小孩前一世和我很熟悉，但是這一世，我們卻是第一次見面。」

朱地的弟弟說：「小孩到寺院的第三天，我們在河邊洗衣服時，小孩正好來玩，他就問我們：『現在我們寺院還有沒有跳格薩爾王的戲？』我們就說：『有哇！你知不知道是誰扮演格薩爾王？』小孩想了一會兒說：『我想起來了，是喇嘛雷竹。』我們又問：『喇嘛雷竹長得什麼樣？』他說：『個子高高，頭髮是白色的。』他又說：『丹增達吉、雷竹和我同壇受比丘戒。』」

阿旺說：「以前，我有一輛飛鴿牌自行車，圖旦洛沛用它來學車，後來把車子騎壞了。但是我並未說他什麼。後來，小孩回來時和我見面，他就說：『我以前把你的車子騎壞了，但你卻沒有責怪我。』」

結束了在班瑪的查訪，我又前往大武，首先訪問了撫養他長大的奶奶。

奶奶說：「小孩本來能夠記憶前六世，他說了很多紙幣流通之前的事情，但其中最清楚的就是前一世。還有一個叫秋陽的小孩，他說有一世他們是在一起的，這些情形是他小時到隆嘉寺的藏劇團演戲時說的，藏劇團的喇嘛們比較清楚。他小時候剛剛會說幾句話時，就把所有的東西都叫成『那沃』，第一個『那』字叫得很清楚，第二個字發音有點走音，叫成『嗡』。當時，我們以爲是小孩的童語，但是後來當他較會說話後，他就說：『我的母親叫那沃。』我們這才知道，原來他叫的是前世母親的名字。他很小的時候，經常揀很多石子玩。他常拿三個石子，上面再放一個石子當成竈，一些小石子當作碗，又拿一些土當茶放到碗裡，然後說：這碗茶是那沃的，這碗是我的，那碗是……；又去揀很多石頭，然後說，這是那沃家的牛，那是那沃家的羊，就這樣玩。他剛會說話時，所說的話中還夾雜一些班瑪當地的土話。」

然後，我又去訪問他的母親拉助，她說：「小孩剛出生時，耳朵上就有一道裂痕，耳垂上有穿孔的痕跡。」

對此，多貢瑪寺裡很多人都說：「圖旦洛沛耳朵上的確有裂口及孔。小時候，有個小女孩汪既扔石頭打到他的耳朵，傷口一直沒有癒合，故才有一道裂痕。」

最後，我去採訪小孩本人，他現年十四歲，是個健康、聰穎又好學的小孩。他說長大以後，前世的記憶愈來愈模糊，現在關於前世的事都記不得了。但是，當年回班瑪回憶前世的那些事，現在他仍記得很清楚。

他說：「那個時候，很多前世相識的人都來問我很多問題，我都一一回答，但回答的細節，我已不太記得了。我很小的時候就經常想去班瑪，會說話時就喜歡班瑪話，然後學班瑪口音。我聽到班瑪的人來找我的消息時，我很高興，心想：這些人是來接我的。他們來的時候，我認出了三個人。當我見到那些人時，感覺是很早以前就見過的人，但是記得不是非常清楚，有些模糊，看到以前用過的東西，感覺也是這樣。當我第一次看到寺院及家鄉的人時，內心激動不已，尤其看到母親時，內心非常悲傷。有些我以前並不認得的人來騙我時，我還是知道的。在多貢瑪寺前面，有一個叫熱瑪的女人就曾過來對我說：『我是你媽媽。』我心裡清清楚楚地知道她不是我的母親，記得當時我對她說：『你不是我媽媽，我媽媽是那沃。』小時候，對於現世的母親和前世的母親那沃，我比較愛那沃。長大之後，知道現世母親才是眞正的母親，漸漸平等地愛她們兩個。至於其他親屬，除了經常接觸的一些，對前世及現世的親屬，感情基本沒有兩樣。前世的父親與我相處的時間較久，因此，即使現在我仍當他是父親，與現世的父親沒有什麼區別。」

吉美圖旦能記憶前世之事件，發生至今已有很長一段時間，雖然未能趕在事件發生的當時進行採訪，但在很多關鍵問題上，當事人及目擊者的說法都完全一致。

在與這些人交談時，我也再三仔細地觀察其中是否有欺騙性，並思考他們有沒有欺騙的必要，結果發現這兩者都沒有。

這些說法並不是在我到達當地時才開始出現的，早在八、九年前當地的寺院及村中即已傳開了，這其中也沒有任何欺騙的可能與必要性，爲什麼這麼說呢？

第一，這兩家人以前根本就不相識，之間也沒有任何關聯。雖然有些上師曾私下告訴嘎欽，圖旦洛沛是一個轉世活佛，但在那時他也沒有什麼地位，並無任何特殊之處。至於現在，吉美圖旦的家庭也是極其普通的，所以兩家在此問題上不可能有其他的什麼目的。

第二，在關鍵問題上，大家的說法都是一致的。尤其是圖旦洛沛的父親，有很長一段時間他一直拒絕承認吉美圖旦是他孩子的轉世，到後來基於種種理由，他才不得不承認並接受這一事實。

第三，多貢瑪寺的其他僧眾及村中之人，他們在當時也曾再三觀察過事情的眞僞，後來則全都堅信吉美圖旦確實是圖旦洛沛的轉世。很多人說：「吉美圖旦並不是由哪一個上師、活佛認證他是圖旦洛沛的轉世，而是由他自己說出來的。之後，又經過寺院及村裡的人再三觀察而得以確定。若不是有很多可靠的理由，我們根本沒有必要承認這個人就是圖旦洛沛的轉世。」他們所說的，我本人也覺得非常有道理。

如是能記憶前世之人，他們的出生地不僅在西藏，世界各地都有這類人的存在；他們出生的時間也不僅限於現在，而是幾千年來一直綿延不絕，從未間斷過；能記憶前世之人，也未必只能是上師、活佛之類，一般人中也屢見不鮮。所以說，這是人類生命輪迴中的一種普遍現象，絕非憑空杜撰的天方夜譚。

整個西方世界對於心靈和生命輪迴的認知都極其膚淺，研究的深度也不夠，因此才產生了很多誤解。龍樹菩薩曾說過：「本性非造作，亦非依他物。（事物的本性非經造作，每一事物本身均有其獨特的本性，也不需依靠其他東西來造作。）」誠如龍樹菩薩所言，以個人的觀點是無法改變物質本性的。「前世今生」及「意識脫離肉體」是千眞萬確的事實，有很多案例可考。這些事實對於那些持守「意識是大腦活動的產物」等陳舊觀點的人而言，無疑是投下了一顆原子彈，動搖了他們的基本觀點，使其再也無法立足。這完全是事物本身的能力所致，而非依權力大小及辯才的巧拙來安立。

如是承認前後世及業因果的道理，這就叫作「世間正見」。若具有這種正見，則現世可促進社會發展、和平，後世可獲世出世間之功德，故此善說實在是無價寶般的觀點。

5. 前生後世 鐵證如山

在這篇文章中，我們將就有關前世今生的話題進行一些探討。其必要是什麼呢？因爲，如果人們不知道前世今生的存在，就不會爲自己的來生，做任何思想上的準備和行動上的努力，就會把整個生命都浪費在對物質財富的追求上。爲了得到今生的幸福，就勢必會做出殺生、偷盜等各種惡劣行爲，從而導致自己和他人身心的痛苦。如果僅僅爲了衣食住行而將整個生命浪費，我們生存的意義，就與牛羊沒有什麼區別了。反之，如果知道前生後世的存在，人們就不會將自己的人生目標僅僅寄託於今生的快樂幸福，同時會對來世也抱著同樣的希望，並且會爲此而不懈地努力，改過遷善，精勤修持。因此，能否清楚地知道前世與今生，是人生的一個重大問題，了知前世今生的存在之後，人的內心世界將會變得無限寬闊。就能以長遠的眼光，樹立起準確的人生目標。從此，每個人的生命就開始變得充實而有意義。因此，首先知道前生與後世的存在是非常重要的。

那麼，什麼是前生後世呢？所謂前生後世是指，所有的生命，包括螞蟻之類，都有生命延續的現象，生生世世不間斷地循環，從幼兒、青年、老年、死亡、投生，之後又幼兒、青年、老年、死亡、投生，如此周而復始，不間斷地輪轉不息，沒有一個生命可以逃脫。

人在瀕死之際，眼識、耳識等粗大的意識逐漸消失，之後就出現昏迷狀態，當從昏迷中清醒時，由細微的意識開始，逐漸產生整個心識，以及這一世的死亡中陰現象。在這個過程中，會因前世的因緣，而顯現出各種苦樂現象，行善者會有快樂的現象，作惡者會有痛苦的現象。之後，又因前世各自的因緣而投生到各處。這一切的顯現，既不是造物主的安排，也不是無因無緣的偶然，都是由與自己形影不離的前世因緣（亦即各自所造的業力）所主宰的，這也充分體現了因果不爽的眞理。

怎麼可以證明前世今生的存在呢？雖然證明前世今生的存在可以有很多證據，但其中最直接的證據就是：一個人對自己前世的記憶。

關於人能夠記憶自己前世的事例，早在兩、三千年前就有記載，現在也在陸續地產生，未來也會不間斷的發生。對此，本師釋迦牟尼佛早已宣說過。在我們所處的當今世界，無論東西方都發生過很多這樣的例子，也有很多發生在藏地。而且，在某些根本不承認前生後世的人群當中，也有這樣確鑿的事例發生。因爲，前後世的存在是生命的自然規律，是放諸四海皆準的眞理，無論承認與否，都無法抹殺這個事實。美國維吉尼亞大學的教授史蒂文生博士，就收集了兩千多個兒童記憶前世的例子，現在正在研究當中。

既然有人能記憶自己的前世，那麼說明前世一定是存在的。如果不是經歷了前世，那些記憶前世的兒童，就不可能無緣無故地說出自己前世生活過的地點、親人以及很多成人生活的細節，包括很多複雜的親緣關係與社會關係。因爲，這些兒童都是在剛剛學會說話的時候，在沒有任何人教導的情況下說出來的。這種現象的發生，除了證明當事人經歷過前世之外，沒有任何合理的解釋。根據這一現象，就能得出前生與後世存在的結論。

也許有人會提出疑問，爲什麼大部分人不能回憶，而有的人能回憶呢？其原因有三種：第一、是修行所得；第二、是先天的，比如「天人」等；第三、是因爲業緣。人能夠回憶前世，多數是由於特殊善業的果報，這是佛陀早已宣說過的。

現在有一些人對此抱這樣一種態度：在沒有獲得科學論證之前，他們絕不承認前後世的存在。

但令人遺憾的是，現代科學也不一定能夠證明前生與後世的存在。因爲，僅僅對於我們所生活的宇宙，無論從宏觀還是微觀的角度，用現代科學尚不能完全了知。這一點科學家自己也承認：科學無法證明所有一切的存在。而有關心識和生命的奧秘就更爲深廣，更是科學、尤其是「現有」的科學所無法證明的。

雖然科學不一定能證實，但是在現實中卻眞正地發生了，任何人也不可否認。這麼小的孩子能夠完整地記憶前世的事情本身，就足以充分證明前生後世的存在是不可動搖的事實。如果還有人要求要用其他的證據來證明這一點的話，那就純粹是無理取鬧。即使是世人推崇備至的很多科學發現，科學家們又能提供多少能夠讓人們耳聞目睹的證據呢？因此，這種態度是沒有理由、不符合邏輯的。

導致這種態度的原因，第一、是因爲心胸狹窄，他們認爲所有的存在，都必須在有限的科學認知的範疇內呈現，事實上這是不可能的；第二、是由於自己不瞭解科學，一個眞正瞭解科學的公正人士，是不會這樣信口開河的。因爲，他非常清楚，對於這個宇宙而言，科學不能認知的部分遠遠大於目前的已知；第三、是固執己見，在他們的頭腦裡，前生與後世不存在的觀念已經根深蒂固，即使現在發現了很多記憶前世的例子，這些人卻仍然因循守舊、閉目塞聽、置若罔聞，不去承認擺在他們眼前的事實。

既然我們從公正的角度，分析和剖析了這種態度的不合理性，下面，我們就以活生生的事實，再一次推翻這種謬論。

一年前，因爲知道我一直在致力於尋找能回憶前世的各種事例的緣故，一位朋友又爲我提供了兩個回憶前世的例證。爲了使前世的理論能夠更具說服力，我們一行人又馬不停蹄地趕往兩個小孩的所在地。

幸運的是，兩個小孩的住家都在青海省果洛州瑪沁縣拉加鎮色熱青村，這就使我們的採訪減少了很多途中的顚簸勞頓。很順利地就採訪到了有關的當事人以及周圍的村民。

其中一個小孩名叫西繞唐科，屬馬，今年十四歲。其母親叫嘎爾措，父親叫卻丹，兩人無論從文化水準還是經濟能力等各方面來說，都是普普通通的牧民，沒有任何特殊地位。他的前世是一位名叫冬摩措的女人。在採訪了他的父母之後，又採訪了另一些知情者——冬摩措的妹妹拉日、大姐阿雅、大兒子次札以及西繞唐科本人。

另一個小孩叫非羅（意即猴年），因爲他是猴年出生的，今年十二歲。父親叫有寧，母親叫基洛，他們家住在離大武（果洛州府）五十公里左右的地方。他的前世是他家附近一個道班上的漢族工人，叫李宗春。令人稍感遺憾的是，一些知情人，包括非羅的父親有寧、老喇嘛、索朗，現在已經去世。而非羅的媽媽正在外地且生病，所以我們未能對其進行採訪。不過，我們還是採訪到了非羅前世的朋友拉瑪、非羅的叔叔洛桑朗吉、非羅的大哥以及非羅本人，他們的話已經給了我們足夠的素材。

有一點需要說明的是，我的每一次採訪都進行了兩遍，第一遍是將錄音設備放在被採訪人不易察覺的地方，所以他們也就顯得比較輕鬆自如；第二遍是將攝影機架在他們的附近，一邊拍攝一邊進行採訪的，這一次，所有的被採訪人都顯得有些緊張，完全不能發揮第一次的水準，所以我就不得不反覆通過提問，引導他們將我在第一次採訪中所發現的重要情節說出。但是，還是有一些情節以及當事人所講的一些非常有意義的話語被遺漏了。這種情況也是在所難免的。但是，從他們的介紹以及周圍人斷斷續續的片言隻語當中，我已經理出了一條清晰的脈絡，西繞唐科以及非羅的前世以及今生的故事也就如同電影畫面一般浮現在我眼前：

◎唐科的故事

一聲清脆的嬰兒啼哭聲劃破了草原的寧靜，卻丹家又增加了一名成員。看著繈褓中粉紅色的小傢伙，母親嘎爾措的心中掠過一絲不易察覺的失望。前面兩個調皮搗蛋的兒子已經讓她吃盡了苦頭，她一心期待著佛祖這次能賜給她一個善解人意的女兒。然而，她的願望落空了。

小兒子一天天長大了，卻出乎意料地乖巧，從未讓父母多操過一點心。母親心中的那絲遺憾，也就隨著時間的沖刷而漸漸淡化了。

但令夫婦二人感到蹊蹺的是，儘管兒子對母親異常地溫順，但對父親卻視同陌路，從不願意跟父親睡在一起。每當父親從外面回來，兩位哥哥就會商量說：「阿爸一定給我們帶回了糖果，我們快去接他吧！」但唐科卻從來對此無動於衷，不願意與父親親近。卻丹想方設法地討好唐科，最終還是以失敗而告終。這令當父親的感到十分尷尬，可以聊以自慰的是，唐科對母親卻十分體貼，這是其他兩個大兒子所望塵莫及的。還有一個令人不解的事就是，在兒子的言談舉止中流露出很多女人的習性，比如喜歡金銀首飾以及漂亮的服裝等等。但因爲生活重擔，作父母的也沒有精力對此予以深究。

一天，正在牙牙學語的兒子忽然用口齒不清的語言告訴母親：「你不認識我了嗎？我是你的姑姑冬摩措啊！」聽了兒子的話，父母不由得目瞪口呆。雖然有關前世的概念，在藏民族中早已深入人心，能夠回憶前世並不值得大驚小怪，但在面對這樣一個事實的時候，作父母的一時還是難以適應。

母親定了定神，半開玩笑地問道：「既然你是我姑姑，又怎麼會成爲我兒子的呢？」

「我看到你每天早晚收拾牛糞太辛苦了，就準備來幫你幹活。」

「那你怎麼來到我家的呢？」

「我是中陰身的時候，先去了前世的哥哥家，但是他家的狗叫得很兇，他家的人個個都顯得怒氣衝衝，沒有人出來幫我攔狗，更沒人理我。這時，我恰好看到你跟哥哥（指現世的哥哥）一起趕著幾頭牛回家，我就跟著一起來了。」

「那麼，你前世有幾個兒子呢？」

「我有五個兒子，最大的兒子叫次札。」雖然兒子的語言並不太清晰，但作父母的還是明白了。

兒子的一席話猶如五味瓶一般在母親的心中打翻了。嘎爾措的確有一個名叫冬摩措的姑姑，她屬兔，人們叫她冬恩，冬恩本來有兄弟姊妹九個，現在只剩下五個。儘管冬摩措勤勞賢惠、心地善良，卻命運多舛，生前曾兩次出嫁，第一次嫁到拉撒村，生了一個叫次成札西的兒子；後來又嫁到拉加鎮的瑪當村，丈夫叫洛貝，她跟洛貝又生了四個兒子、兩個女兒，一共六個子女。在藏曆龍年（一九八八年）的四月十五日，因爲作結紮手術失敗，僅僅三十九歲的冬摩措就離開了人世。

姑姑的死對嘎爾措實在是沈重的打擊，她從小跟姑姑住在一個帳篷裡，姑姑一直對她十分疼愛。雖然後來姑姑出嫁以後，她們見面的機會不是很多，但她們之間的感情卻有增無減。一次，姑姑到她家來作客的時候，當時她家放一百八十頭牛，所以每天都有大量繁重的體力勞動。一天早晨，姑姑在門口看到她在處理牛糞，就顯得十分心疼，說道：「我來幫你處理吧！」嘎爾措也不忍心讓姑姑受累，連忙說道：「不用了，你好好休息一會兒吧！」下午，姑姑轉阿尼各特神山（格薩爾王的神山）回來，又看到她在收拾牛糞，又說：「我來幫你收拾吧！」她還是堅持說：「不用。我一個人能收拾，您還是休息吧！」始終沒有捨得讓姑姑幫忙。

兒子說他是來幫自己處理收拾牛糞的，而且，在唐科出生前不久，自己的確也跟著唐科的哥哥一道去過冬摩措哥哥家殺羊，難道眞的是自己朝思暮想的姑姑來到了自己家中？難怪他對父親那麼陌生，冬摩措去世的時候，自己和丈夫雖然已結婚，因爲相互之間住得比較遠，所以來往很少，她從來沒有見過卻丹，所以，感到陌生也是情理之中的事。

一天，外面傳來了一陣陣摩托的轟鳴，唐科若有所悟地跑了出去。原來是冬摩措的兩個兒子正騎在摩托車上，唐科興奮地一邊高呼：「那是我的兩個兒子啊！」一邊拚命地往公路邊狂奔。但「兩個兒子」卻並沒有聽到，仍然加足馬力一溜煙走遠了。草原上只剩下孤獨的唐科，他聲嘶力竭地叫道「那確實是我的兩個兒子啊！他們爲什麼不我理？」說完，嚎啕大哭。看到眼前的場景，嘎爾措感到一陣陣酸楚，一滴滴濁淚落在了衣襟上。

嘎爾措有一個奶捅鉤子，上面的圖案已經被磨光，有一個角也折斷了。一次，嘎爾措綁腰帶的時候，唐科發現了這個鉤子，就說：「這肯定是我的！」然後就抓住不放。嘎爾措不給他，他就大哭。沒有辦法，只好給他。從此以後，無論他去哪裡都帶著這個鉤子，還時常對這個鉤子說話。吃飯的時候，他就把這鉤子擱在旁邊，一邊吃一邊看著它；走路的時候，他就把鉤子鉤在自己的手指上；睡覺的時候，他就把鉤子放在枕頭邊上。

唐科還時常絮絮叨叨地說：「我家在一個山坡上。」、「我家裡還有幾隻山羊。」「我前世出嫁時，家裡陪嫁給我一匹紅馬，其中有一隻蹄子是白色的。那匹馬在山上的時候不好捉，一旦捉到以後卻變得很安穩、很老實。後來，我把它送給了公公。」自從會說話以後，兒子經常說出這些語言，一家人已經不以為奇了。他們也越來越確信兒子的確是冬摩措的轉世。

一年一度的拉加寺法會開始了，父母帶著幼小的唐科也欣然前往。因為兒子的話在父母心中留下了深刻的印象，所以夫婦二人也就十分關注兒子前世家人的行蹤。他們在人群中一邊四處張望，一邊自言自語地說道：「怎麼洛貝沒有來呢？他每年都來參加法會的啊！」聽了父母的話，唐科忍不住說道：「那裡不是洛貝嗎？」說完，就跑到洛貝跟前，拉住洛貝的袖子，將他帶到了父母身邊。父母對這些事早已見慣不驚，雖然在此之前，唐科從沒見過洛貝。

洛貝卻顯得十分木訥，幾年前在伐木的時候，一棵樹倒下來，砸在洛貝頭上，留下了後遺症，至今神智仍有些不清。所以，他並沒有問唐科的父母，唐科是怎麼認出他來的。唐科父母也就不便將此事告訴洛貝。他們的社會經驗早已使他們懂得言多必失的道理，自己家裡生活窘困，而洛貝家卻比較殷實，此事一旦傳開，說不定會引起他人誤會，以為他們想以此向夫家索要報酬，故一直不敢聲張。

但是，小孩子的口是沒有遮攔的，很快，唐科的故事就在鄉鄰中傳開了。消息傳到了嘎爾措的姑姑拉日（亦即冬摩措的妹妹）耳中，拉日雖然將信將疑，但她太想念姐姐了。姐姐生前的時候，姐夫家經濟比較寬裕，所以經常周濟自己。每當去到姐姐家，她總是千方百計地找出各類物品，諸如她自己的舊衣服、戒指之類，只要稍微值錢一點的東西，都慷慨解囊相助。如果她推辭，姐姐也會硬塞給她，並說道：「你孩子多，生活條件不好，丈夫又時常打你，我應該幫幫你。」她每次去拉日家（也是冬摩措娘家），看到妹妹的不幸遭遇，都為遇人不淑的妹妹感到傷心，每次都是哭著回家的。

自從姐姐去世以後，她經常因為想念姐姐而寢食不安、涕淚漣漣。甚至在好幾次供酥油燈的時候，將眼淚都滴到了燈裡面，在夢中也老是夢到她。

拉日想：這是否意味著是由於姐姐極為思念家人而導致的呢？就很想就此去問問附近寺院的白瑪登布活佛，但因為教育程度不高，再加上羞怯，所以不知道怎麼問才好。因此就委託活佛的一名叫拉較的侍者，請他幫忙詢問白瑪登布活佛。登布活佛回答說：她現在還沒有投生，即使投生的話，也是壽命很短。如果給廟裡正在修建的佛堂供養一根柱子，就可以投生到某個親屬家裡變成一個男孩，而且沒有壽障。拉日聽了活佛的話，就用一千塊錢買了一根柱子供養給了佛堂，之後就再也沒有在夢中夢到姐姐。她在心中尋思道：難道活佛的話果眞應驗了？

一天下午，她買了一些糖果，懷著滿心的希望前往卻丹家中，剛走到卻丹家附近，唐科一下子就認出了她，因為還不太會走路，就邁著踉踉蹌蹌的步子跑著去迎接「妹妹」。他抓住拉日的衣服，興奮地說道：「這不是我的拉日妹妹嗎？你不認識我了嗎？我是你的姐姐冬摩措啊！」說完就到處張羅著找東西，最後找來了一些小衣服、碗和小鞋子，他脫下自己身上小小的襯衣蓋在拉日的背上，一本正經地說道：「你孩子多，生活條件不好，我現在孩子大了，應該幫幫你，把這些東西帶回家吧。」

突如其來的情景使拉日頓時手足無措，眼淚像決堤的江河一般汩汩地往外流淌。毫無疑問，眼前這位稚氣十足的小男孩，正是自己日夜思念的姐姐。她一邊哭著，一邊拉著唐科的手，希望能從他身上再找出一些姐姐的影子，唐科也一直坐在拉日身邊不走，「姐妹」二人穿越了前生後世的時空隧道，能夠再一次重逢，怎能不讓她們興奮異常呢？唐科又一次就自己爲什麼投生到現在家的原因，以及有關自己兒子的情況一一答覆了「妹妹」。她們就這樣相依相偎著一直聊到深夜。

太陽賊溜溜地從東方探出了腦袋，分手的時間已經近在眼前。得知「妹妹」要走，唐科怎麼也不同意，非要跟拉日一起回家不可。考慮到唐科年紀太小，拉日最後還是決定不帶他回家。看著拉日漸漸遠去的背影，唐科哭得昏天黑地，聽到唐科撕心裂肺的哭聲，拉日也不由得悲痛欲絕，她就這樣一直哭著回到了家中。

從此以後，拉日再也不會爲姐姐的去世而傷心哭泣了，因爲她的姐姐就生活在她的周圍。

唐科家修了一間新房子，正在安裝新鋼爐。大家都圍著鋼爐觀看，唐科卻一反常態，對安裝新鋼爐絲毫不感興趣，早早地在門外守侯，仿佛在等待什麼人似的。忽然，只聽得他在外面興奮地歡呼：「阿爸阿媽快出來啊！我的姐姐來啦！」父母連忙跑出去，果眞是他前世的卓措（又名阿雅）姐姐以及台西村的另外一名姐姐來了。父母也覺得奇怪，唐科事先並不知情，怎麼會表現得像知道姐姐要來一樣呢？

此時，唐科家的狗對著兩位「姐姐」一個勁的狂吠，因爲怕姐姐受到傷害，他先去抓住大姐的手，接著又抓住另一名姐姐的手，說道：「我是次札和達拉的母親，是你們的妹妹，你們不認識我了嗎？」一邊說，一邊把她們迎了進來。鋼爐終於裝好了，大家吃了一些東西，然後坐在毯子上聊天。忽然，唐科煞有介事地問他的姐姐：「我在你們那裡寄養了一頭奶牛，現在還在不在？」

兩個姐姐爲了一探究竟，故意問他說：「你的牛放在我們兩個中誰的家裡呢？」

小孩子指著其中的一個姐姐說：「就是放在你家裡。」

「是頭什麼樣的牛呢？」他回答說：「是一頭白臉的母牛。」

兩個姐姐當場就哭了起來，眼淚簌簌地往下淌落，連一句話也說不出來。她們知道，冬摩措當年的確將一頭牛寄養在了姐姐家，此事外人誰也不知道，唐科卻說得絲毫不差。此時，她們已毫不置疑地堅信，她們的妹妹已經重返人間，坐在了她們面前。唐科又追問道：「我家還有一匹紅馬，我很久沒有見到了，你們最近見過嗎？」

「馬在你丈夫家，我們也沒有見到。」姐姐一邊抽泣，一邊用哽咽的腔調回答說。

兩位姐姐來的時候帶來了一盆水果，但走的時候因爲傷心，連盆子也忘記帶了。她們臨走時叮囑唐科和他爸爸：「牛還在，你以後和你的父親一起來我家，我還給你。」

唐科說：「如果牛在的話，我以後會來的。」但是，牛寄放在她家的那個姐姐，後來因爲拖拉機翻車，人已經死了，還牛的事也就沒有人再提起。

從此，姐妹們時常給他送來糖果、點心和水果之類的東西，唐科也常常掛念前世的姐妹們，但因爲大姐卓措（阿雅）家住在離大武（果洛州府）約五十公里的地方，二姐家所在的太西村離大武也有二十公里，妹妹拉日家離大武更遠，有七十公里，而唐科家卻離果洛州不遠，互相距離較遠，來往起來也不是十分方便。

拉嘉寺法會又開始了，這對周圍的牧民而言，無異於一次節日。一天，唐科在法會現場見到了同樣也是來參加法會的大姐阿雅，他高興得手舞足蹈，並將一塊五毛錢塞到大姐手裡。阿雅知道唐科家生活條件不好，平時小孩子身上是不可能有錢的。她怕這些錢的來路不正，連忙去詢問卻丹夫婦，才知道原來是因爲參加法會，所以他們給了唐科五塊錢，沒想到他除了自己買了一些糖果外，將剩下的錢都給了大姐。

但一直讓唐科最惦念的還是她前世的大兒子次札。雖然那天追摩托車沒有追到兩個兒子的時候心裡很難過，但後來也就不太在乎了。但對次札他卻有著異乎尋常的感情，當年，在她（指冬摩措）再次出嫁的時候，迫不得已地把兒子留在了自己的娘家，後來次札在寺院中出家了。因爲她拋棄過次札，就使她一直有一種歉疚感，所以也特別關心他。在她彌留之際，曾告訴她哥哥（亦即次札的舅舅）說：「我這個病可能治不好了，如果有什麼三長兩短，你離拉日家比較近，次札的事就全部託付給你了。你一定要幫幫這個可憐的孩子啊！」

如今的唐科也時常坐在家門口，眺望著遠方的公路，希望能夠看到身穿紅色僧衣的次札。

終於有一天，一個紅色的身影向他家走來。唐科看到漸漸走近的出家人，高興地說：「我的大兒子來了！」但來客並不是次札，而是嘎爾措的哥哥，他也是一個出家人。天眞的小孩子邁著短短的步子，跑到出家人旁邊，看了看他的臉，彷彿又覺得不是，就既失望又害羞地往回跑。過了一會兒，又不甘心地跑回去再看。但他哪裡知道，當年十四歲出家的次札，已經於十六歲時還俗了。她去世的時候，次札才十五歲，所以在她的印象裡，次札應該是身穿紅色僧衣的出家人。

終於有一天，次札從拉日的口中聽到了這個消息，也好奇地趕到唐科家，見到次札的時候，唐科卻顯得並不熟識。次札只得問唐科：「你認不認識我？」

「不認識。」

「那你認識次札嗎？」

「當然認識！他是我的大兒子，是個出家人。」

「你前世家裡還有什麼牛、羊之類的東西嗎？」

「有一匹馬，是紅色的。」

次札也清楚地記得，每次母親回娘家的時候，都騎著一匹紅馬。但在母親去世後的第二年，那匹馬卻死了，因此，唐科卻從沒見過那匹馬。看來，他是母親轉世的事並非憑空捏造的。後來，在沒有任何人介紹的情況下，唐科仔細地辨認了次札的相貌後，終於與次札相認了。從此，每當間隔時間稍長次札沒有去唐科家，唐科就會哀怨地責怪次札：「你這個沒良心的，怎麼這麼久都不來看我？」次札也只有乖乖地履行「孝道」。

次札又將此事告訴冬摩措的另一個兒子達拉洛沃，達拉洛沃也就跟著次札一起來到唐科家中，這次唐科並不是像對待姐妹們一樣在外面迎接，只是不停地圍著兩人轉來轉去，始終沒有說出一個字。達拉洛沃只有沒趣地走了，從此沒有再來過。

次札又去唐科家的時候，爲了解開心中的疑竇，就不解地問唐科：「那天和我一起來的人你知道是誰嗎？」

「當然知道，他是達拉洛沃，但他卻不認我！」

草原上的草又開始由綠轉黃，唐科家又要從夏季草場遷至秋季草場，當他們將帳篷剛剛安頓好。唐科卻悵然若失地說：「唉！我的次札還沒有能力搬過來啊！」

唐科家有一匹馬生了一匹臀部是白色的馬駒。唐科高興壞了，說道：「太棒了！等這匹小馬長大以後，我就可以騎著它到台西村的姐姐家把牛要回來了！」但那匹馬後來卻被牛給頂死了。唐科也爲此氣得好幾天茶飯不思。

後來母馬又生了一匹小馬，唐科又來了精神，說道：「這下我可以騎著這匹馬回家去看公公，公公已經很老了！」人們都知道，冬摩措去世的時候，她的公公已經七十九歲了。她曾經發心，要在公公八十歲的時候，到廟子裡去舉行一次佛事。但事後不久，冬摩措就死了。唐科雖然沒有提到做佛事的事情，卻時常叨唸：「公公很老了，一定要回去看一下！」但這匹小馬後來也被狼咬死了，唐科也因此而一蹶不振。從此，唐科就不太提前世的事了。

隨著時間的推移，這些記憶也就在人們的心中逐漸淡忘了，因爲我的採訪，他們才開始在記憶的海洋中去搜尋那一點點殘存的一鱗半爪。

另外，我們有必要將採訪對象的說法串聯起來，把冬摩措去世後的經歷給大家作一個補充：

中陰身的冬摩措孤獨無援地四處漂泊，她感覺自己坐著汽車（其實，中陰的意形身是不可能坐汽車的，她之所以有這種感覺，完全是前世習氣的幻覺。）沿著森林上來走向拉嘉寺對岸的河邊。這時，她看到她的兒子拿著鐵鏟站在手扶拖拉機旁，她想招呼他，卻無能爲力。要知道，人間與冥界的距離是常人所無法想像的。無可奈何的她只好向哥哥家奔去，但在哥哥家門口卻遭到了冷遇。此時，她看到了正在趕牛的嘎爾措。嘎爾措是她最疼愛的侄女，自己曾去過她家，她收拾牛糞勤苦勞作的身影，給她留下了難以磨滅的印象。她於是就跟著嘎爾措回到了家，然後就有了我們前面的故事。

還有一點就是，在我與唐科私下單獨交談時，他告訴我說：現在他只偶爾記得前世家有幾隻山羊，還有一匹紅馬，其中一隻馬蹄是白色的，其他大部分細節已經忘了。但是，在攝像機前，他卻說的是：「我什麼也記不得了。」

◎非羅的故事

一道朦朧的晨曦從窗口透了進來，將李宗春從甜蜜的夢境中喚醒。一天的勞作又要開始了，他不得不離開那舒適溫暖的被窩。他吃力地從床上爬起來，感到渾身一陣酸疼。「唉！人老啦！」他不由得歎息道。

他走出小屋，同伴們也都開始陸陸續續地走出了房間。這是一條不起眼的公路上的一個不起眼的工地，裡面有十二、三個工人。他們分別來自於四面八方，每年十月二十日左右，工地就開始放假。等到第二年的春天，他們又從各自的家鄉返回，帶來家鄉的土特產以及各種逸聞趣事、小道消息。

李宗春的老家在西寧，家裡有五個女兒。他在這個工地已經待了很多年頭了。每天的工作就是面朝黃土背朝天地對付各種土塊、石頭，即使偶爾抬頭極目眺望四周，也不過就是那些早已厭倦的土坡山巒。寒來暑往，在這條道上，他灑下了無以計數的辛勤汗水，度過了風華正茂的青春年華。可以引以自豪的是，最近，他靠自己的收入爲家裡添置了一台手扶拖拉機，這讓周圍的鄰居羨慕不已，也使他這些年的辛勞沒有白費。

對這種枯燥、單調生活最現實的調劑，即是和周圍牧區牧民們的交往。這些年，他早已和他們混得很熟，只要有空，他就會到牧民家串門子，特別是一位叫拉瑪的牧民，更是和他成了莫逆之交。有無數個夜晚，他們在一起談天論地，說古道今，共同迎來一次次黎明。日子一長，他已經把這裡當成了自己最好的去處。

畢竟在這一方土地已經生活了許多年，總有一種割捨不斷的情結、揮斬不去的眷戀，這裡的山水已經在他骨子裡留下了深深的烙印。但讓他頭疼的是，他最近老是感到疲倦，一天工作下來，累得腰酸背疼，使他意識到工地的工作也不能再持續下去了。「看來我應該辦退休的事情了，今天去給拉瑪談談。」他一邊喃喃自語，一邊往拉瑪家踱去。

拉瑪家住在離道班一華里左右位於山溝的牧區，溝裡有七、八戶人家。幾句寒暄過後，他進入了正題：「我最近老是感到身體不適，修路的工作是要靠體力來完成的，現在我年紀大了，身體吃不消了，準備退休。」聽了他的話，拉瑪也生出幾分不捨，工地裡的工人中，就數李宗春與他之間最爲投緣，可以說是無話不談，但葉落終究是要歸根的，工地工作也不能幹一輩子啊！所以，拉瑪也十分贊同他的打算。李宗春臨走的時候說道：「看來此事宜早不宜遲，我要加緊去辦退休報告的事。」

放假的時候快到了，大家都忙著收拾行裝上路回家。李宗春也將自己能記憶的債權債務一一結清了。

這天，李宗春將平時工作用的舊衣服鞋襪洗乾淨，晾在了工地院子裡。這時，工地的司機小韓（現在在大武工作）正準備開車到縣城去拿煤炭和柴油，李宗春心裡正琢磨著退休報告的事，他想：何不趁機到縣上把這件事了結了？連忙說道：「我也坐你的車一起去。」說完，就穿上嶄新的中山裝，坐著小韓開的紅色柴油車趕往縣城。

很快大家都辦完了事，李宗春也準備回到工地去取行李，然後回西寧老家。在回來的路上，車經過黑土山的時候翻了車。當時駕駛室裡有一個駕駛員、兩個漢族女人以及一個漢族男人，一共四個人。車廂裡有兩個人，其中一個就是李宗春，另一個是來自河南的工人，名叫石建平。駕駛室的四個人都平安無事，但坐在車廂裡的兩個人都同時慘遭不幸。在翻車的時候，一個柴油桶掉下來砸在李宗春頭上，他當場就死了。石建平被大家送到了醫院，因搶救無效，三、四天後也死了。

這件事一時成了人們茶餘飯後最大的話題，很多人都去了翻車現場，滿地的血跡以及車輛的殘骸，讓他們驚恐異常。過了很長時間，恐懼的人們才逐漸恢復平靜。最後，他們已經絕少想到那件曾使他們心悸的大事了。

大約一年過後，拉瑪的叔叔有寧（現在已經去世）家又添了一個小男孩。這個嬰兒剛生下來的時候，左邊頭顱跟一般人不一樣，像腫了一樣。過了一段時間，才逐漸消失，恢復正常。因爲他是猴年出生的，所以給他起名叫非羅（意即猴年）。

小孩子漸漸長大了，卻有著與其他小孩不一樣的飲食習慣。他喜歡吃菜，卻不怎麼喜歡吃藏地的其他食物。一天，家裡煮了羊蹄和羊頭給他吃，僅僅只有三歲，剛剛學會說話的非羅卻出人意料地說：「我是漢族，漢族是不吃羊蹄的。羊蹄是拿來丟掉的。」說完就把羊蹄扔了。

父母感到異常詫異，問道：「你怎麼會是漢族呢？如果你是漢族的話？又爲什麼來到這裡的呢？」

「你們家曾答應過要給我一坨酥油，我是來拿酥油的。還要到索朗那裡去取賣運動衣的錢。」

「你究竟是誰？」

「我是工地的工人李宗春。」

有寧夫婦恍然大悟，他們一下子想起了發生在黑土山的那次車禍。有寧的確曾告訴過李宗春：「我給你一坨酥油，你放假的時候過來拿。」至於賣運動衣，也是確有其事，村上沒有一家不知道，工地上曾經發過一套藍色的運動服，李宗春穿起來太大了，就以四十幾塊的價錢賣給了老家在達日縣，後來過門到本地當女婿的索朗（現在已經去世）。大家都親眼看見索朗穿過那套運動服，也知道他沒有付錢。看來，兒子極有可能是李宗春的轉世。

很快，整個村裡的人都知道了這件事。又因爲非羅家靠近公路，有寧又是醫生，家裡經常人來人往，大家都七嘴八舌地問他各種各樣的細節，他也樂此不疲地回答。剛學會說話的非羅雖然能夠將意思表達清楚，但他的邏輯思維還不是很完整，只是想到哪裡就說到哪裡。他時常頭頭是道地說道：「我家裡有五個女兒，還有一輛嶄新的手扶拖拉機。」、「我的鞋和襪子洗完以後，曬在工地那裡，我要去拿回來。」這些毫無隔世之感的話語，使大家都忍俊不禁。此時，周圍人就會推波助瀾地應和，他就講得越發起勁。他還經常講到漢地的生活細節以及一些很好笑的話，即使大家不想再聽他的重複，但他還是不斷地嘮嘮叨叨。大家於是開始叫他「漢猴」。

「漢猴」經常趁父母不備，偷偷溜到拉瑪家，一待就是一整天。直到晚上父母趕到，嚴加痛罵，甚至施以棍棒，才戀戀不捨，一步一回頭地返回家中。大家都心知肚明，這都是他前世與拉瑪熟識的習氣造成的。在拉瑪家，他也說了很多眾所周知的情節，他還告訴拉瑪：「發生車禍時，一隻柴油桶砸在我的頭上，我當時就睡著了。」原來，事到如今，在他的腦海裡，並沒有死亡的記憶。

一次，拉瑪好奇地問起叔叔關於酥油的事，有寧回答說：「是有這回事。好可憐啊！他只是因為貪著一坨酥油，就來到我們家。」拉瑪跟叔叔開玩笑說：「那你把酥油給他，讓他走吧。」

非羅家住在公路邊，經常有各種車輛來來往往，他經常與其他小朋友一起爬到車上去。但是在看到工地的紅色柴油車時，就顯得非常害怕，就像看到殺害自己的兇手一樣。每當他調皮的時候，大人就會威脅他說：「你必須好好坐著，不然就把你放到工地的車裡！」這句話具有神奇的作用，無論任何時候，只要聽到這句話，他就只有老老實實地坐著，絕對不敢起來。

有一次，非羅家的親戚中有一個老喇嘛（現在已經去世）來他家作客，看著他邁著蹣跚的腳步回去的時候，非羅忍不住說道：「你今天走路很辛苦，如果我有一輛車，我就開車送你。」

大家問他：「你會開車嗎？」

「那當然！」他驕傲地說。這類的話他說得太多，大家早已不以爲意。

非羅最小的叔叔洛桑朗吉在果洛州草籽廠工作。一次，他生了一場病，因爲非羅的父親是醫生，所以洛桑朗吉就到非羅家住了一段時間。他剛到哥哥家，大嫂基洛就告訴他：「這孩子是一個漢人的轉世。」並將非羅的說法復述了一些，洛桑朗吉聽了之後，有意問非羅道：「你是哪裡的漢人？」

「我是工地的工人，在去果洛州（與縣城位於同一地方）回來的路上，在黑土山上翻了車，一個油桶掉下來砸在我頭上，我就變得昏昏沈沈起來。」

「那你爲什麼到這兒來了呢？」

「他們家曾經答應要給我一坨酥油，我就爲這個事來的。」

「你已經吃了很多酥油，早已超過答應給你的酥油數量，你現在就該回漢地了。」非羅聽後，顯得極其不滿，就不理他了。

又過了幾天，他忘了前一次的不愉快，又開始講述他最掛念的幾件事。「我家裡還有一輛新手扶拖拉機。」、「那個女婿還欠我一套運動衣的錢。」

洛桑朗吉又問他：「你老家在哪裡呢？」

「在西寧。」

「西寧什麼地方呢?」每次問到這個問題，他都無法回答。大家常和他開玩笑說:「你好好想一下你家的地址，我們就可以去西寧把你的拖拉機開回來。你可能也有妻子，我們可以讓她看看她丈夫的轉世。你還有好幾個女兒，也都該長大工作了，我們應該去看看她們。」但是，非羅始終說不出老家的詳細地址。從會說話到上學之間，他一直都這樣跟大家一唱一和。人們還常逗非羅說:「你待在藏地條件不好，要不回漢地去吧。」「你去漢地吃菜吧，我們這裡是吃牛肉的。」每當別人說出這些話時，他就會流露出厭倦的情緒。

非羅一天天長大了，等到七八歲的時候，他就不再承認自己是漢族，每當遇到這些問題，他就會回答說:「我出生在藏地，怎麼不是藏人呢?我為什麼要回漢地?」然後就會顯得非常生氣。並絕口不提以前的事。

在我這次採訪的時候，他破天荒地回答了我一些有關的問題，他說自己現在什麼也記不得了，即使回到原來的那個工地以及黑土山李宗春翻車的地方，看到公路上或工地上這些汽車也沒有任何感覺。我想:他之所以這樣回答，也許是因為家人時常逗他，他害怕被人趕回漢地的緣故，也許是真的已經完全遺忘了。但有一點他承認:他就是李宗春的轉世。

在一般情況下，能夠回憶前世的小孩到了七八歲的時候，今生的習氣開始變得濃厚，前世的記憶也就逐漸淡化了。看來，唐科與非羅也不例外。

◎兩個例子真實不欺

兩個回憶前世的事例，我已經盡我所能地爲大家作了介紹。有必要說明的是，故事中的情節，並不是我想當然地杜撰出來的，這一點，大家可以從後面所附的採訪錄中得到證實。即使是在採訪錄中沒有的細節，我也有確鑿的錄音資料作爲證明。我所做的，只是將那些片段匯集在一起而已。

在前後這兩個例子中，沒有發現任何欺騙和編造的痕跡和目的。這兩個例子都不是我去採訪時才發現的，而是在很早以前就有很多人知道。被採訪的當事人，都是本分老實的牧民，不會有很多複雜的想法，也不會懂得如何將這些謊言編造得天衣無縫，即使編造出來也沒有任何價值和利益。他們現在居住的地方，相距也比較遙遠，如果那麼多的人精心商量、策劃，串通一氣，統一說法來欺騙，必然會有一定的目的。但這些事件的發生至今已近十年，迄今爲止，我們還沒有發現他們以此爲手段，進行過任何帶有個人目的的欺騙。如果這次我不去採訪，這些事情也就會隨著時間的流逝而自然湮滅。

而且，其中第一個小孩唐科的前世既不是什麼「上師」、「活佛」、「空行母」、「明妃」，也不是社會上有名望、有地位的人，只是一位普通的婦女，沒有任何特殊的身分。他的父母故意沒有向他前世丈夫的家人，講述關於他是「冬摩措」轉世的任何情況，也說明他的父母，根本不想借此從他們那裡得到任何好處。所以，我們找不出任何欺騙的目的。

第二個孩子非羅的例子也是這樣，所有當事人的說法，甚至在很小的細節上也都是一致的，他們都眾口一詞地承認，這孩子是一個漢族工人的轉世。我們都知道，在牧民的心目中，工地工人是社會最底層的人。因此他們不必編造謊言，說自己的兒子是這樣一個工地工人的轉世。因此，我們也沒有發現絲毫欺騙的動機。

還有，唐科前世的妹妹拉日和姐姐卓措，她們兩個都已經是五、六十歲的老人，在我拍攝之前和她們交談的時候，只要一提及「冬摩措」的轉世，兩位年邁的姐妹就不由得老淚縱橫，她們都是一邊哭著一邊給我講這些往事的。有好幾次甚至哭到泣不成聲，使我也感到有些於心不忍，不便再去打聽更多的生活細節。我不相信這樣的老人爲了欺騙，能有如此精純的演技，即使是訓練有素的專業演員，也不能演得如此眞切。因此，我認爲，她們所講的事情都是具有說服力的。

還有一件事就是，在我用錄音採訪拉瑪時，拉瑪說的一句話使我至今記憶猶新：「有寧已經去世了，我不可能無中生有地捏造一個死人的語言！」作爲藏族，我深深懂得這句話的分量。在藏族的習俗中，也許可以編造一個活人的話語，但不會杜撰一個已故亡靈的語言。

唐科作爲女人的轉世，也表現出非常豐富細膩的情感，以及深厚的女人習氣，他對前世的親人有著濃烈的眷戀，這也可以作爲他是一個女人轉世的佐證。

依靠這些證據，我最後的結論是：這兩個小孩無疑是死去那兩個人的轉世。

通過這兩個例子，我們可以瞭解到，每個普通人都無所逃於天地之間，肯定是要轉世的，既然要轉世，就應當爲來世做充分的考慮和準備。人生如電光石火，稍縱即逝，不爲來世著想是愚昧的，如果至死不悟，又有誰能保證自己的來世平安順暢呢？

有人對來世這個字眼諱莫如深，以爲不談來世，來世就不會來尋找自己，這樣就可以心安理得地虛度人生，這純粹是掩耳盜鈴的愚癡之舉。知道了前生後世的存在，不知道大家會不會有芒刺在背的感覺？冰凍三尺，非一日之寒。要想自己的來世獲得幸福快樂，就不能再自欺欺人，就不能等到日薄西山、氣息奄奄的時候，再去倉促應戰。就應當未雨綢繆，居安思危，趁著年輕力壯的時候，爲後世做積極而又有意義的準備。如果做了準備的話，我們每個人的精神和肉體，都會越來越清淨，越來越自由，來世的幸福也就指日可待了。

這個方法是當下就掌握在自己手裡的，就看我們是否付諸實踐了。從善如登，從惡如崩。是要一如既往地奔忙於今生的幸福，還是爲來世作充分的打算，猶如泰山鴻毛，孰輕孰重，想必大家都是能夠權衡掂量的。識時務者爲俊傑，不要再否認前後世的存在，從現在開始，作一點讓我們百年之後感到幸運和欣慰的事吧！

6.超類絕倫的虹身示現

隨著科學技術的迅猛發展，物質文明水平的日益提高，雪域民族傳統文化已在世界各國廣泛弘揚。藏傳佛教各派密法如百花爭豔，不僅令有識之士醉心教理，而且，愈加促使人們去敲開密法成就者實證境界的大門！

作爲藏傳佛教宗派中的一枝奇葩——寧瑪派無上大圓滿法，早已令世人矚目。近代，雖有眾多各類藏密大圓滿成就者，但獲得無餘虹身者，至今已較爲罕見。

然而，正值人類即將邁入二十一世紀之際，於一九九八年，在新龍縣又出現了一位，博通經論，內證圓滿的大圓滿無上成就者，無餘成就虹身。誠可謂，在佛教實修實證的修行中，爲世人樹立起了光前裕後的豐碑！

去年（一九九八），我在成都曾聽聞到這一令人鼓舞的消息。在返回五明佛學院後，我仔細翻看了這位老喇嘛虹身成就全部過程的記實。我不由得被他老人家高山景行所感染，一直都想親自採訪。但因法務纏身，未能如願。這次趁著到爐霍縣主持法會，才有機會去巡訪，心裡感到欣樂無比。

五月二十二日清晨，我和圓戒駕駛著吉普車，從甘孜縣城啓程，奔向虹身成就者的聖地——新龍樂莫寺。

車子順著公路行駛了一小時，就要翻越著名的卓達山了。由於連夜降雪，山上早已是「寒山鳥飛絕，白雪危峰積」。面對這一切，我們深知：雪厚不知路高低。又因車子沒有帶防滑鏈，公路邊是萬丈深淵。我們冒著危險，車子慢慢地向山上爬去……。

中午十一點鐘，終於到達了樂莫寺。

我們走近虹身者閉關修行的寂靜地，在那裡有三間簡陋的木房。右側房是虹身者閉關九年的禪房，也是他最後虹化的地方。中間房是師徒共用的伙房，左側房是三位侍者的住處。在房子的背後不遠處，還有一間小屋，也是個禪房。所住的主人是虹身者的侄兒，又是侍者。他名叫赤誠加措，現年五十餘歲，曾在大成就者阿秋堪布座下聽聞過大圓滿全部修法。回來後，在虹身者身邊同樣也閉關了九年。當地人交口稱讚他說：「這位喇嘛誠實可靠，是一位眞正的修行人。」

我們一到，首先見到的就是赤誠加措。他在知道我們的來意後，十分熱情又不失詳細地向我們講述了虹身者的生平，和其親眼目睹的成就虹身過程。

虹身成就者名叫阿曲堪布，一九一八年五月的一天，於新龍降生。七歲學習文字，十歲出家。十四歲在樂莫寺佛學院學修佛法。二十二歲在拉薩格魯巴三大寺院之一的色拉寺學習，他博聞強記，背誦了共有四十八萬言的各種經論，而精通顯密。其持戒清淨，智慧無礙。在修學期間，他於敦珠法王座前聽受大圓滿法和金剛橛等甚深密法。以後，他行持潛匿，平流緩進，保守秘密，精進修持密法。他回到新龍樂莫寺後，擔任堪布，解惑授業。

在文化大革命期間，他受到了慘無人道的折磨。即便是在那樣暗無天日的歲月裡，也從未怨天尤人，對上師三寶，恪守不渝，仍然不懈努力，學修佛法。

八〇年代末，在樂莫寺附近寂靜處，他建房掩關。他的侍者們，曾多次覺察到上師不走門窗，穿牆出入。例如，九四年五月的一天，樂莫寺僧人次旺仁增、嘎登、城列和札巴地區的鐵匠夫婦，一起出外做事，就將上師房子的門由外面鎖上。當他們回來時發現，上師安詳地在院中踱步。他們驚奇地問：「上師，你是怎樣出來的？」

上師回答說：「我是從門裡出來的，不從門裡出那該從哪裡出來呀？」他們聽了，立即檢查門窗，門窗如初，沒人動過。在場的人都驚爲奇事。

我在訪談時，洛桑寧札侍者也感歎說：「我們多次經歷過這樣的事。」從這裡我們可以清楚地知道，他的身體早已與眾不同，而無礙無阻。

一九九二年前後，上師多次進入一種長時間的奇特狀態，是入定？還是昏迷？侍者們也被弄得稀里糊塗，不知是什麼狀態。對此，洛桑寧札和赤誠加措二人，前往阿秋堪布座前請教。阿秋堪布講：「那是進入大圓滿的一種境界，也就是說一切執著消沒於法界的狀態，並非昏迷。」接著，阿秋堪布讚歎說：「我的金剛上師阿如仁波切等許多修行大圓滿法的高僧，都曾有過這個現象，這是很高的境界。可謂奇哉，奇哉！」

一九九八年八月下旬，在上師閉關房周圍出現了許多神奇之事：

不知從何處，飛來了一隻雪白的小鳥，牠沒有其他鳥雀的躁動，顯得寧靜安然，對人沒有絲毫的畏懼，伸手就能抓到它。牠與他們共同相處了七天。

很長時間以來，旋盪起一種美妙的聲音，像女人歌喉的輕音，婉轉悠揚……。但很奇怪，從院中聆聽，那聲音像是在上師的屋裡；當人們走進屋中，又彷佛是在屋頂的上方迴旋。

當地許多人都曾看到，在上師禪房兩邊，出現五顏六色的光束，如彩虹般伸入虛空……同時，眾弟子們的睡夢，也變得神奇異常……

在出現了某些徵兆後，弟子們知道上師要走了。於是，八月二十八日，向上師祈求生生世世慈悲攝授，請示轉世之事。上師開心地予以解答，並賜予了重要教誨。八月二十九日下午兩點，上師身體無恙，手持佛珠，吉祥臥式，口誦六字眞言，安詳而逝。他走得那麼灑脫，那麼自在……

當天傍晚七時，弟子們按照藏傳佛教的傳統脫去上師的衣服，準備覆蓋法衣，就在這時，奇蹟發生了：上師全身上下，衰老的皺紋已消失不見，皮膚完全變爲七八歲孩童的一般，白紅細嫩，根本就不是生前老態龍鍾之身——這一切，的確令人難以置信！

赤誠加措惋惜地對我說：「當時因上師圓寂我們心裡非常悲傷，沒顧及拍相片，直到今天我都很遺憾，若能留下照片，那肯定能驚世駭俗。」

在更換衣服的同時，他們發現上師的腰身稍有縮小。赤誠加措就說：「上師的身體好像要縮小。」洛桑寧札說：「當然要縮小！」但是，以後發生的事情，他們絲毫沒有預料到……。

至於上師圓寂的消息，他們並沒有立即向外宣說。

八月三十日早晨，赤誠加措到上師禪房供燈，發現法衣下的軀體縮小了許多。以後，軀體一天比一天縮小，弟子們不知所措。

九月一日，他們急切地趕到白玉縣亞青寺去請教阿秋堪布。阿秋堪布說：「此事宜保密，切不可提早告訴任何人，嚴禁犯過密宗根本戒的人，觸摸阿曲堪布的身體。在七日之內，不要移動身體，到第八天才可以處理。」

就這樣，上師的身體日趨縮小。

每日黎明，只准赤誠加措一人進入上師禪房供燈，其他人都未曾進過。到第五、六天時，赤誠加措對侍者們說：「現在幾乎看不出是身體了，有可能要全部消失。要是沒有完全消失，那也只有鳥雀那麼大。」洛桑寧札指著面前的溫水瓶說：「再小也不會比這個水瓶小吧？」

七天過去了。

第八天早晨，上師的親屬赤誠加措、根桑朗加和一個小喇嘛，以及洛桑寧札、索朗加措、仁青才讓等三名侍者，一共六人到屋裡，拉開床上的法衣，大家頓時目瞪口呆，床上空空如也，甚至連一根毫毛也沒有。就這樣，一個完整的血肉之軀，一未上天，二未入地，在人們身邊，完全虹化了。

赤誠加措告訴我說：「當時我們傷心至極。因爲，上師圓寂已令我們萬分悲哀，可上師又未曾留下任何東西，所以心裡的難過無以言表，大家感到如失至寶，就在床邊痛哭悲泣，足有一兩個小時……。」赤誠加措略帶傷感地接著說：「那時我們還沒有向其他人宣說上師圓寂一事。面對床上所發生的一切，又當如何交待？說上師已圓寂呢，那遺體在何處？說全部虹化，人們會相信嗎？若不說虹化，那該說些什麼呢？……我們無言以對眾人！」

在屢次談話中，我覺得赤誠加措的確是一位誠實純樸的人。他只是把事實眞相一一道來，沒有絲毫誇大渲染。他最後喃喃地說：「我不知道這是否是虹身，但事情就這樣發生了。當地的人都說曾經看見許多美妙的彩虹，但我卻從未見過。」

從赤誠加措的言行神態中可以看出，像他這樣的對上師十分虔信的弟子們，是不太願意讓上師這麼乾淨俐落，這麼悄無聲息地走的……，正因早就知道上師是一位大成就者，他們以爲虹化與否都無所謂。在他們的心目中，只希望自己的上師跟其他的上師一樣，給他們留下遺體舍利，修建靈塔，作爲弟子們仰賴的永恆紀念，以及眾生世代供養的福田……。

雖然，阿曲堪布留給弟子們的，只有那記憶中的影痕，但是，他密行瑜伽士的風範，早已潛移默化於弟子們的心間，乃至世人的心中……。因爲，似曾出現過的假名已融入谷響了！

對於赤誠加措等人的悲哀，我們是非常同情理解的。但從另一個角度而言，上師即身成佛，的確是我們後學所應歡喜，並引以爲表率的。

◎評斷虹身真偽

對於這件事，我們還是來聽取一下阿秋堪布本人對此有何評論。今年春節期間，阿秋堪布來參加喇榮五明佛學院的法會，當時我曾向他詢問此事：「阿曲堪布是否是成就虹身？據說他的弟子們向您請教問題，有無此事？」

他回答說：「阿曲堪布肯定是千眞萬確的虹身成就。在他圓寂的第四天，他們前來問我，上師遺體一天天縮小，如果完全消失，我們沒有東西供奉該怎麼辦？我說，能全部虹化更好，你們可以把上師住處的石土做供奉，也有同樣加持的。」

爲了愼重起見，我們再看看當地人們對此事有何反應。羅布卓瑪母子五人，曾看見扁平形的五色彩虹由上師屋頂伸沒空中。後來還有許多人看到這一景象。起初，她們以爲是居住印度的敬美活佛即將歸來的瑞兆，沒料到卻是上師圓寂。貢波吉等很多人看見從上師禪房兩側，發出幾個光束般的彩虹，上端入於縹緲虛空。在上師住處的天空，還有許多人曾看到連續幾天出現五色彩虹，這些彩虹不時遍滿天空。另外，遠方甘孜縣也有人看見在新龍樂莫寺方向上空彩虹一片……。

赤誠加措對我說，他們沒見過彩虹，但是離樂莫寺稍遠些的人們幾乎都看見有五顏六色，奇特美妙的各種形狀彩虹。這些現象，都符合於大圓滿修法成就虹身的瑞相。

新龍宗教局、統戰部和縣委有關領導也親臨現場，考察瞭解全部過程。一致認爲阿曲堪布虹化是眞實可信的。並以文件形式上報甘孜州宗教局、民委、四川省宗教局和省佛協會等上級單位，客觀地反映了這一情況……。

因爲眾生業力迥異，各自所觀所見肯定有些出入，這是十分自然的。而對於虹身者是否眞正虹化，難免有人會有相關的疑問。對此，我們做一些恰當的探討。

第一，有人以爲，阿曲堪布是不捨肉身，而是直接飛往空行剎土，也許是這樣的成就。我認爲，實際上並不是這樣的。因爲若不捨肉身直往空行剎土，那應該是突然失蹤或者如同阿壩州紅原縣堪布才旺仁眞那樣直接飛沒空中。然而，實際情況是，阿曲堪布的遺體是由大至小，從有到無，逐漸縮小，最後消失……等等。何況整個過程在不同階段，都有赤誠加措親自觀視。與此同期，所顯現的形形色色彩虹，瑞相紛呈，再加上他生前某些神奇的行爲……這一切完全符合大圓滿續論之義。所以我們應該無所疑惑，是大圓滿虹身成就。

第二，有人也許懷疑，這些侍者們會不會把阿曲堪布的遺體以其他方法隱秘處理，然後有意欺瞞社會善良人士呢？

我認爲，這絕對是不可能的。因爲若以其他方法處理，不外是土葬和水葬等之類。像這類事，對於虔誠的佛教徒而言，即使再三地用各種手段逼迫他們，他們寧可捨棄生命也不會如此做的。依據藏傳佛教規定：在金剛上師圓寂後，要做供奉遺體等的一系列法事。如果故意以土埋等其他方式處理，這本身就是對金剛上師無絲毫恭敬，誠可謂大逆不道。由此即已違犯密乘戒，對於學修密法之人最害怕的莫過於破密乘戒。而阿曲堪布的侍者們——尤其是赤誠加措，他已是修行密法十幾年的人，是絕不會這麼做的。另外，他們堅信自己的上師一定能有舍利子，在上師圓寂後，他們都在虔心靜盼。根據經典中講，能夠供奉成就者遺體或舍利的地方，可禳災增福。對於這一點，他們也會考慮自己與社會利益的。再者說，密宗師徒間的情感是非常特殊的。所以，他們也不可能把自己上師的遺體處理得這麼草率，這麼令人難受！

在阿曲堪布虹化中期和後期，赤誠加措等兩次專程去請教阿秋堪布。阿秋堪布是赤誠加措唯一的大圓滿根本金剛上師，他絕不會做出欺騙自己金剛上師的行爲。

在阿曲堪布虹化後，他們把成就虹身的事實記錄，分別送往印度和西藏高僧們案前，並專門到五明佛學院向法王晉美彭措匯報——從這些情況，我們也應看到虹身者虹化是事實。否則，他們是不敢欺騙神通廣大的這些高僧大德們的。

我本人在訪談中發現，那些敘述阿曲堪布生前就已成就的許多證相的人，和圓寂時看到彩虹等瑞相的人們，從他們的神態言語中，不難發現，他們是樸實善良的，所陳述的情況都是他們親眼目睹的……。六月二十四日，我見到阿曲堪布其他侍者，又仔細地詢問了整個事情過程，他們所講述的與赤誠加措所述完全一致。

就此，我相信這的確是一個二十世紀末，即身成佛的典範！

阿曲堪布就這樣走了，走得那麼瀟灑那麼安詳。他老人家長辭輪迴，回歸自然，向世人無言地呼喚著，昭示著本地光明——這應該是一切眾生的共同嚮往——本來歸宿！

7. 人身飛空 神秘消失

時間或許會消盡人們對許多事情的記憶，當日子一天天從我們身邊溜過，恍然間，逝者如斯的感慨便不覺油然生起。只有極個別的一些往事通過時光的篩選而進入人們的心底，從此沈澱爲那些永不磨滅的記憶。

我相信對青海黃南州同德縣的很多人來說，才旺仁增堪布正是他們腦海中如是的一種珍藏。這位於一九五八年九月在看押他的士兵面前，突然飛走而消失於空中的寧瑪巴一代大成就者，已漸從當地老百姓茶餘飯後的閒談演變成他們心目中的傳奇，並最終昇華成一位精神領袖與信仰寄託。

在事件發生後長達四十餘年的口耳相傳過程中，究竟是人們的幻想創造出一位他們用以寄託脆弱心靈的偶像，抑或是一個眞正的飛身成就者憑自身的自在解脫力，在世人眼前演出一幕活生生的生死自在幻化劇？包括我在內的許多人對這個問題都曾有過思考、辨析甚至懷疑，不過我們都相信一個基本的事實：我們沒看到過的不一定不存在，一味執著於所謂的耳聞目睹，其實與整日沈浸在道聽途說裡並無什麼實質性的差別。面對一件錯綜複雜的事件，實事求是應該是最好的解讀態度。正是本著這樣的初衷，西元二〇〇二年的初夏，我終於踏上了青海黃南這片神奇的土地，目的只有一個，那就是務必爲大家也爲後人，勾勒出才旺仁增堪布的眞實身影。

在報導查訪過程及結果之前，我先向讀者簡略地介紹這位寧瑪巴上師，有必要聲明一點，即所有這些資料匯編均有可靠的來源與依據。

◎才旺仁增堪布的生平

才旺仁增堪布於一八八三年降生在四川省紅原縣的麥窪，當其長到十歲時便進入札西卻囊（意謂吉祥法林）寺學習佛法。十五歲時正式出家且受沙彌戒，接著便到寧瑪派六大寺院之一的竹慶寺聞受顯密經論，在這段期間中，他依止了多位大成就者。二十五歲時，才旺仁增在竹慶寺受了具圓戒。從此，他一直嚴持淨戒、護戒如目，因之所穿衣物、所繫腰帶以及座墊等日常用具皆散發出清淨、悠遠的清香。在長期聞思修行的求法生涯中，他接受了諸多寧瑪巴的灌頂與傳承，並表現出博通顯密經論、智慧超常等許多異人之處。三十歲時，終於得至米滂仁波切座前聽聞甚深法要，當米滂尊者爲他念文殊修法的傳承時，他當下頓悟了光明大圓滿，此後便自然精通了很多經論法典。

其後，又至山上苦修，他的苦行的確堪稱所有苦行者的典範。一方面因爲物質條件及外在環境都非常艱苦、惡劣；另一方面更因爲才旺仁增堪布在種種嚴酷的環境下所表現出的精進不輟、堅忍不拔的毅力與品性令人感佩不已。他每餐僅以一碗水沖泡一點點糌粑爲食，如此餐餐進食糌粑湯，在近一年的時間裡僅僅用完了一小口袋糌粑。而這種頓頓食不果腹的生活，絕非一段短暫時日，在苦行的日子裡，基本上每天的生活都如是。曾有一次，當原本就所剩無幾的酥油和糌粑都告用罄時，在一段很長時間裡，他就靠煮食盛裝酥油的牛皮袋子維生。食物的匱乏還不是才旺仁增所要面對的唯一困境，由於沒有供燈用的酥油，他只好就著月光讀書。當月亮一點一點地爬上山坡的時候，追逐著月光的他便也漸漸登上了峰頂。於是在他苦行的地方就形成了這樣的一種景觀：每當晨曦的第一道曙光灑在山頂時，有一個勤勉的身影則同時送走了最後一縷月之清輝。碰到沒有月亮的時候，他就以燒過柴火的餘燼那點微乎其微的「光亮」，就著經書投入地閱讀。

對才旺仁增而言，夜晚的睡眠基本上都是在打坐入定中度過的。除了一件白天所穿的衣物外，晚上不會再蓋任何東西禦寒。就在他進行這樣的苦行修道時，有一晚在夢中，才旺仁增親睹了戴著琥珀項鏈的蓮花生大師，他的智慧頓時被激發出來，此後便可以每天背誦多達兩萬四千字的經文。

當他於竹慶寺附近的雪山裡獨自苦行時，每天僅能進餐一次，有時甚至兩三天吃不上一頓飯，但肚子的饑渴無論如何也擋不住才旺仁增修行的腳步。爲抵擋陣陣襲來的困倦與睡意，他竟然只穿著一件內裙在地凍天寒的雪地上打坐，而且是赤腳！由於雙足長時間暴露在冰雪中的緣故，腳已被嚴寒永久性地侵害，他後來不得不依靠雙拐行走。

這位眞正的修行者就這樣在艱難困苦中磨練著自己，他用全部的身、口、意體味著佛法的眞意，同時也在盡自己的一生向世人展示——密法即身成就的可能性與通達途徑。儘管他後來在顯現上，表現出諸如行動不便、需要有人背著才能來回挪動等身體方面的障礙，其實這一切全都是一個大成就者的隨緣示現，才旺仁增堪布的侍者華丹對此就別有體會。一次，華丹爲上師繫腰帶，結果整個腰帶竟然完全穿透了上師的腰身，又完完整整地回到華丹手裡。華丹頓感大惑不解，他再次把腰帶纏在上師的腰上，且打了結實的結。但當他稍一用力、試圖收緊腰帶時，整個腰帶又一次穿透了上師的身軀。華丹這才明白到底發生了什麼事。

由於成就了虹光身，才旺仁增堪布的身體在夜晚的燈光映照下已無絲毫影子顯現。除此之外，虹光身還有一大特點，即身體毫無質礙。才旺仁增堪布的另一位侍者阿洛就曾親身領教過上師無礙之身的穿透能力。

那天阿洛要出門辦事，於是他便像往常一樣把上師安頓在裡屋後鎖上門出去。然而當他處理完事情回到上師居所時，一件讓他震驚無比的事卻赫然呈現在眼前：上師居然已安然地待在屋外！平時都是阿洛把上師背出屋外曬太陽，而這次在大門緊鎖的情況下，上師竟自己來到屋外，他到底是怎麼出來的呢？阿洛看了看門上的鎖，鎖依然完好無損地掛在門上；再看看窗戶，窗戶也原封未動，況且那扇小小的窗戶根本就不可能容一個人進出。看來答案只有一個：才旺仁增堪布確實已成就了虹光身，或曰金剛不壞之軀。

放下所有世間瑣事、專一精進於無上佛道的才旺仁增，在六十八歲年近古稀之時，由於因緣所致，被位於青海黃南地區同德縣的桑赤寺迎請過去主持寺物。那一年正當西元一九五一年。其時，才旺仁增上師正住於四川九寨溝地區的黃龍神山中修行，而向他發出邀請的則是第三世宗沃活佛，同時也是同德縣地甘寺的創建者的晉美德清多傑。那時桑赤寺還未成形，在晉美德清多傑活佛的協助下，才旺仁增上師於一九五一年年底將其修建完成。從那時起，他就一直擔任桑赤寺的住持。在五八年之前，才旺仁增堪布基本上都是以桑赤寺為其弘法利生的道場。

這期間發生的一件事，也許可以成為才旺仁增堪布神秘失蹤一事的注腳：當他在桑赤寺安住下來後，老家紅原一直不斷派人前來祈請他回去，但他一概予以拒絕。有一次他把桑赤寺的弟子召喚到身邊說道：「這次他們（指紅原來的人）非要我回去不可，但我不可能再回去。這麼些年來，破瓦法我已經修得非常好，因此我自有辦法往生。寺廟建立沒多久，你們務必善加管理。如果他們一定要強迫我回去，我就會在回去的路上自行往生。」

相信明眼人當能看出此話所隱含的資訊，它至少告訴我們才旺仁增堪布是可以憑破瓦法自主生死的。類似的能對他日後的所作所為進行詮釋的事例還有很多，也不妨再摘錄一件以饗讀者。

現居同德縣的達瓦、汪欽、南達三人至今仍記得發生在才旺仁增堪布突然飛走前不久的一件事情：當時，他們三人與堪布都將被關押進監獄，在正式收監之前，四人與另外的一些犯人被暫時關押在一所軍營中。當時的達瓦也就二十一歲左右，汪欽等人也與他年歲相當。

他們三人親眼目睹了堪布在眾人面前修破瓦的情景：

當才旺仁增在他們面前吐出第一聲「吼」後，三人同時看見堪布的頭髮直豎了起來，而且他的耳朵也開始長長、增大，一直長到額際。此時一位軍官疾疾來到堪布身旁，並用手槍抵住他的頭頂。堪布根本不為所動，他又接著吐出第二聲「吼」字。此刻，三人看見他的頭髮已全部豎了起來，耳朵也長至頭頂。接下來，那位軍官衝著才旺仁增堪布一陣咆哮，似乎是在命令他別再「吼、吼」地叫了。堪布十分平靜地接受了他的指令，不再繼續修破瓦了，他只是淡淡地說了一聲：「噢呀！」（藏文「好吧」的意思。）

四十四年後的今天，已是六十多歲的達瓦老人再次講述這件陳年往事時，不勝唏噓的表情仍抑制不住地浮現在那張飽經滄桑的面孔上：「當時我離上師非常近，中間只隔了兩人，所以我把全程看得清清楚楚，現在我明白了，上師要是想走，當時就可以走掉，就差那麼一點，但他還是暫時留了下來。……」

◎上師飛空的傳說

有關才旺仁增堪布飛身前的生平就簡要介紹到這裡。以下所敘述的是普遍流行於同德縣鄉親口中的一個版本。這個版本可謂流傳最廣、最深入人心，幾乎已達婦孺皆知的地步。我們對此事的調查、取證、辨析、核實也主要是圍繞著這個共同說法而展開。

據當地老百姓講，一九五八年九月份的一天，在同德縣的地甘寺附近要召開一場批鬥大會，鬥爭對象就是才旺仁增堪布，他當時已被羈押在縣監獄裡。從監獄到批鬥現場要繞過幾座小山坡，同德縣城本來也就坐落在山坳之中。有幾個當兵的把堪布從監獄中押解了出來，因爲腿腳不方便，堪布本人被允許坐在一頭紅牛的背上。當一行五六人漸至批鬥現場時，突然刮起了一陣非常猛烈的旋風，風來得異常迅猛，以致押送堪布的士兵各個睜不開眼睛。此時幾人的位置大約是在接近山頂的地方，離地甘寺也只有幾公里的路程。狂風止息之後，幾個士兵再定睛一瞧，此時牛背上早已不見才旺仁增堪布的身影。原先爲防止意外，儘管人人都知道堪布腿腳不方便，但負責押送的士兵還是把他在牛背上捆得結結實實。不過這一切顯然都是徒勞無益，因堪布在幾朵彩雲的簇擁下已飛升入空。

這一突如其來的事件被多人現場目睹，而與此同時，地甘寺附近聚集起來的數千群眾，也正在批鬥會場心情複雜地等待著他們的上師。不過從上午一直等到下午也沒見上師的影子，正當大家焦急不安地議論紛紛時，批鬥會的組織者拿著一張畫有上師肖像的白紙來到會場，於是一場針對肖像的批鬥大會就此展開。會上有關負責人宣佈說，才旺仁增在被押解至批鬥現場的路上已經死了，而且屍首也已掩埋。不過儘管人死了，批鬥會還得照常進行。這場幾近荒唐的鬧劇就在幾千人「鬥爭」一張白紙的情境中繼續下去。

其實，所謂的掩埋屍體不過是幾個當兵的把坑挖好後，只將一副袈裟草草埋在裡面，根本就沒有才旺仁增堪布的屍體。

沒過幾天，曾經目睹過堪布飛升的人將他們的所見所聞悄悄透露了出來，結果一傳十、十傳百，大家很快就都知道了事情的始末。於是有關負責人又一次召開大會宣佈說：活人飛到空中是絕不可能發生的，是故大家以後萬勿再到處散播這類充滿迷信色彩的小道消息。……

◎還原事實真相

事情的經過如上所述，如果你現在來到同德縣，只要一提起才旺仁增堪布的大名，不論男女老少，都會把上述情節大致相似的內容滾瓜爛熟地向你背誦出來。雖說盡人皆知，但我還是下決心把此事重新調查一番。一方面是爲了澄清很多人的疑惑；另一方面也是爲了還原事實的本來面目。我想知道的是，人們有沒有在這件事情上添加了過多的感情色彩，以致眞相被淹沒在一片善意的謊言中？還有，在傳奇與眞實之間，眞理的力量到底能在多大程度內被再現？

我的調查對象包括一些當年曾親身參與過押解堪布的人員，以及當時曾在堪布飛走之地附近駐留的一些人，還有親眼目睹者，或親耳聽聞過事件目擊者講述全部過程的人士。對他們的講話，我幾乎未增減一字，基本照原樣予以全文紀錄。目的就是想讓讀者自行從中得出應有的結論，而不是被我個人的主觀認定所左右，這種原話直錄的風格想來應能被大家普遍接受吧！

我碰到的第一個採訪對象是現年已七十七歲高齡的智美老人，他是同德縣的一個牧民。下面是他對這件事的回憶：

上師才旺仁增堪布從監獄被帶往批鬥會場的那一天，我剛好在他必經的一個山坡上放牛。當時我看見幾個士兵押著上師朝批鬥會場走，士兵們把他綁在一頭紅牛的背上。他們漸漸走到了山頭上，我還在半山腰放我的牛。這時我突然看見上師穿著出家人的衣服從山後向空中飛去。開始時，他是慢慢地向空中飛升，到最後就徹底消失在雲層中。好多人都說當時刮起了狂風，還出現了彩雲，但這些我都沒看到，可能是因爲我人在半山腰，而上師又已經到山頂後的緣故吧。我就只看見上師飛到空中去了，這是我親眼見到的。那時我還很年輕，眼神也很好，絕不會看走眼的。後來給五八年的那批人平反，上師的老家（紅原）來人向同德縣索要上師的遺骨，我當時就說過，根本不可能有什麼遺骨的，因我親眼見到上師飛走了，怎麼可能還留有遺骨呢？我把這事給家人講過，但不敢給紅原來的人說。這麼些年過去後，我現在一個快八十歲的老人再回憶這件事，再把它說給你聽，你想我會編個故事騙你嗎？我實實在在沒有一句謊言，因爲我沒有任何理由在這件事情上打妄語。一個人說妄語要麼是有利可圖，要麼是因遭受打擊而不得不如此，可這兩條都不符合我的情況。所以我才會拍著胸脯保證，我的話裡一句假話也沒有。

智美老人所講是他親眼目睹的，而我接下來遇見的從佩爾則在各個方面對此事提供了最爲詳盡的佐證材料，他也是所有接受採訪者中最健談的一位。

從佩爾今年六十多歲，當地人，現退休在家，曾擔任過同德縣的中層幹部。他把自己對此事的瞭解詳細地向我描述了一番：

我記得那是八八年十月份的一天，當時我還是同德縣的工商局局長。當天正要接近下班時，一個漢族人來找我，並邀我一道吃飯。在飯桌上，他向我訴說了來找我的原因。原來他叫李德生（音譯），是青海省湟中縣上村莊的人，此次到同德縣是要買走當地已被宰殺過的五百餘頭牛羊，他找我的主要目的就是想讓我少收他一點兒管理費。席間他跟我套交情說，同德縣的很多老幹部都跟他很熟，但就是覺得我很陌生。我就問他以前在哪裡工作，他回答說就在同德縣城的公安部隊當兵，而且還是一個班長。等到酒酣耳熱之際，他就把自己經歷的一件不可思議的奇事講給我聽：

「我碰到過一個在我眼前飛走的人。當時我和我們班的幾個士兵，正把那個喇嘛從監獄中押往地甘寺附近的批鬥會場。我們把他牢牢地捆在牛背上，就這麼前呼後擁地押著他。結果在走到半山腰、快接近山頂時，他居然開始嘀嘀咕咕地念叨起什麼東西來。到了山頂後，我們命令他不要再出聲，此時眾人都發現山頂後是一個平原。就在此時，突然飄來很多彩色的雲塊，這些雲朵竟然把那個喇嘛給捲走了！他倒是被雲彩輕鬆地捲走了，我們還得給上級匯報此事。等我趕到鄉政府一匯報，工作人員說我沒完成任務，要好好寫一份檢討，因此我還為此事專門寫過一份檢討書。」

這個李德生後來還告訴我說，當時的縣檢察長聽說了此事後，曾略帶感慨地說了一句：「這件事可太奇怪了！」就因為這句話，檢察長後來被撤了職，因上面覺得他這個人太過迷信。當時同德縣有很多人都知道檢察長被撤了職，但他們都以為他是犯了什麼別的錯誤，根本不知道他的撤職與這件事有關。李德生後來回家探親時曾把此事告訴給父母。他父母聽後恭敬合掌道：「這個人太了不起，太不可思議了。」

從佩爾講到這裡又補充說道：「本來應收他兩千多塊的管理費，就因為那席話，幾天後我只收了他七百多塊就完事了。」接著從佩爾又給我講起了他親歷的一件事：

有關這個上師的事我以前也聽說過一點，我知道五八年九月的那場批鬥會，最終是以批鬥畫像而草草收場。那天的批鬥會上根本沒有出現上師的屍體，大家都是對著一張畫有上師像的白紙鬥來鬥去。由於上師的腳不好，畫上的才旺仁增堪布還拄著雙拐，所以那天的鬥爭會成了名副其實的「紙畫鬥爭會」。關於這幅畫，後來我才知道了它的來歷。

我當縣工商局長時，我單位隔壁住著一個名叫王烈成（音譯）的人，他就是當年主持批鬥大會的嘎瓊鄉鄉黨委副書記。有次單位要蓋圍牆，而王家的廚房剛好佔道。他如果不把廚房搬遷，整個工程就都得停頓下來。於是我就主動幫他修廚房，他原先的廚房最多值二三百塊，我幫他蓋起的廚房卻足足花了兩千多塊。從此我們的關係更勝從前，也就是因爲有了這層關係，我和他才進行過一次長談，而那次長談的話題就是圍繞著才旺仁增堪布展開的。我記得他當時這樣說過：

「這件事眞是太奇怪了，太奇怪了！批鬥那天根本就沒見著堪布的屍體，最後只好由我在紙上畫了一個上師的形象拿出去批鬥，這眞是太奇怪了。我掌握的情況是不會出錯的，畫像就是我畫的，我又是當天大會的主持者，我記得非常清楚，眞是太奇怪了。」

聽了王烈成的話，我當時就想，如果那時能找到上師屍體的話，一定會把屍體拿來批鬥而不會只用一張畫像就替代了事。當時有很多人都是在被迫害致死後，又把屍體拉出來批鬥。當時的情況就是這樣，活受罪早已是司空見慣，死了都不能讓你稍停。五八年那陣子我也是一名積極分子，對這些事情知道得可謂非常清楚。巴庫鄉一個名叫嘉悟萬德的人，還有卡崗村一個叫丹增才讓的人，就是在死後被人把屍體拿來進行批鬥的。熱智活佛的父親死後也準備用屍體搞批鬥大會，後來他的屍體被人在晚上偷偷運走，「鬥屍」大會才沒開成。總之，活要見人，死要見屍，如果當時有才旺仁增堪布的屍體，鬥屍大會就一定會召開，這一點是絕對的。

從佩爾不僅對我談到了他對此事的分析，還向我提供了一條非常重要的資訊：「政策恢復後，一些含冤而死的人得到平反，很多仍活著的人都從監獄被釋放了出來。有一天，從紅原上師原來所在的寺廟裡來了幾個喇嘛，向同德縣政府索要上師的遺骨，他們向政府申訴說，上師雖已不在，但至少應把他的屍骸還給他們。縣政府責令同德縣公安局對此做出答覆。我當時還未調任工商局工作，恰好在縣公安局治安科擔任第一科長，當時的縣公安局副局長是唐國軍。那時的縣公安局、縣法院、縣檢察院一起協同調查此事。公安局康珠塔爾副局長親自與大家一同查詢檔案，最終我們將記載有堪布資料的卷宗翻了出來，那上面只簡單地寫著兩個字：失蹤。所見所聞皆爲本人親身經歷，當稱得起信而有徵。」

從佩爾提到的那幾個從紅原來索要上師遺骨的人中，有一個叫措諾爾，我這次也找到了他，請他給我談談當時的具體情況。

今年七十多歲的措諾爾是四川紅原人，聽了我的提問後就認眞地回答說：

我當時帶了一個翻譯一同到同德縣政府，向他們索要上師的遺骨。我曾聽說過，任何一個關在監獄裡的人都有詳細的檔案紀錄。現在儘管人已經死了，但他埋在哪裡？具體的情況又如何？我都想知道。如果他並非如人們傳言的那樣飛身成就，那就應該留有骨頭。於是我就向同德縣有關工作人員提出這項要求，並向他們解釋，我要遺骨是爲了回紅原後建造上師的靈塔，此外並無什麼非分的想法。何況即便是犯人死了，他的家屬也可以索要遺體，所以無論如何都請將上師的遺骨交還給我，或向我指出埋葬上師的地方。

工作人員聽了我的要求後就回答說，他們基本上都是新調來的幹部，老幹部很多都不在了，他們並不瞭解當時的具體情況。不過他們願意幫我查一查有關檔案，第二天再給我答覆。第二天我又來到縣政府，他們對我說，已查過了所有犯人的檔案，其他人都有詳細記載，唯獨才旺仁增堪布沒有任何詳細記錄。我當時就對這些人說，既然你們說老幹部都不在了，你們自己又不瞭解情況，那就不妨請你們給瞭解情況的老幹部們打一個電話，問問他們上師的遺骸到底埋在哪裡。若不能滿足我的要求，我就待在縣政府門前不走。

我就這樣與他們反覆交涉，最後他們措辭強硬地對我說：「我們聯繫不上老幹部，即便是找到了，他們也不會知道才旺仁增堪布的遺骨埋在哪裡。反正已經給你答覆過了，檔案中沒他的資料，走不走你自己看著辦吧。」

這就是我要上師遺骨的具體經過，他們的回答很清楚地說明了一個問題：他們根本找不到上師的骨頭，因他們除了知道上師是神秘消失的以外，再沒有任何關於上師的消息。

除了措諾爾找過才旺仁增堪布的遺骨外，我們曾介紹過的智美老人也提到過，他也曾聽說紅原來的人索要堪布遺骨的事。智美當時給家裡人說堪布的遺骨是不可能找到的，因他親眼見到堪布飛走的事實。

當然，最能爲這件事提供充足證據的，應是當年那些親身參與押送堪布的士兵，他們可謂是最直接的目擊者，他們的話堪稱是最可靠的第一手資料。但不幸的是，他們中的一些人已離開了人世。不過我還是採訪到了曾親耳聽聞過這些士兵，講述他們的那次奇遇的聽眾，更幸運地找到了與那次事件有直接關係的人士。因此我提醒大家務必對他們的陳述保持高度注意，因依據他們的話將可對此事件作出最後、也是最有價值的判斷。

當時負責押送堪布的士兵中的一位，如今已是七十二歲的老人，他和妻子現在都信仰佛教。出於可以理解的原因，他再三要求我不得公佈他的眞實姓名，因此在這裡，我只能告訴讀者們，這位老人是同德當地人。他告訴我說：

那天我們把上師押在牛背上送往批鬥會場，快到山頂時，上師的身體顯得有些不大舒服。我怕剩下的路上他會有個閃失，於是就先回去向上級匯報。匯報完畢後，因爲肚子有些餓，我就沒再回去跟上押送的行列，逕自去吃飯。過了一會兒，就聽到一些工作人員說才旺仁增在被押解至批鬥會場的路上死掉了，他們還要我做好準備，去挖坑掩埋他的屍體。

等到去挖坑時，我才發現根本就沒有所謂的屍體，他們讓我還有另外的幾個人挖坑掩埋的只是一套袈裟，哪裡有屍體的影子？我們用鐵鍬、鐵鍬隨便挖了一點點土，草率地把衣服埋進去就了事了。不過在那個年代，有誰敢說沒有屍體啊！雖說我眞的沒看見屍體的一根毫毛，但只要有人問，我都會裝作不知道，或撒謊說眞的有屍體，而且已經被埋在地下。這些年來，我從不敢對人說實話。即便是現在，我也只對你以及極個別的幾個朋友道出過實情。對外人，我依然不敢說實話。事情的經過就是這個樣子，我可以向你保證，絕對沒有屍體！但你也得向我保證，不得公開我的姓名。

除了這位老人外，還有兩位出家人也作證說，他們曾親耳聽到過當年押送堪布的士兵所說的具體情況，而這些士兵的敘述也基本與我們上文所介紹的情況大致吻合。

其中的一位是八十一歲的袞確仁欽堪布，四川紅原人，他當初與上師一起來到青海同德，並一直作爲上師的隨從。他不僅是堪布最大的弟子，現在也擔任著桑赤寺的住持。他對我講起了一位押送堪布的士兵曾描述過的情景：

那個人當時與別人一起押送堪布到批鬥會場，等他們到了半山腰後，上師開始念誦蓮花生大師的心咒。一行人走到山頂時，突然間就刮起了大風。這原本也不足爲奇，因當地本來就多刮旋風，且多風沙。幾個當兵的就把頭蒙起來，結果等風沙過去後，他們再探出頭睜眼觀望時，上師早已飛升入空。幾天後，有關人員專門召開了一次大會，會上負責人宣佈了一條紀律：「才旺仁增絕對不是飛走了，他已經死掉了。從今往後，不許任何人說他是飛走的，否則一切後果由自己承當。」

不僅那個人對我說過上師飛走的事實，當時在批鬥會現場的一些人，也遠遠目睹了事態發展的全部過程或部分過程。他們遙望上師和幾個押送的人走到了山頂上，然後上師就消失不見了，接下來的批鬥大會也就演變成了紙畫鬥爭會而已。

上師失蹤後的當天夜裡，我們很多弟子都趁著月亮出來的機會，去尋找師父可能留下的蛛絲馬跡。就算人死了，骨頭總應該找著一兩塊吧。但任憑大家如何努力尋找，最終一塊骨頭也未讓我們尋到。

另一位曾與押送過堪布的士兵交談過的出家人是桑赤寺的札巴秋吉旺修，今年三十多歲。與他談論過此事的是才讓迸，當年曾親自押送過才旺仁增堪布。才讓迸是青海黃南州共和縣人，五八年時在同德縣法院工作。秋吉旺修與才讓迸九九年在黃南州碰過面，當時才讓迸已是七十多歲的老人。現在此人已離開了人世，故他與秋吉旺修的談話資料就更顯彌足珍貴。以下就是秋吉旺修轉述才讓迸當時的講話內容：

> 那件事大概發生在五八年藏曆八月十號左右，當時我和不認識的另外四個士兵一起看押堪布前往批鬥會場。那幾個人也都是三十出頭吧，其中一個人在前邊開路，剩下的四個就圍在紅牛的周圍看護。等到了山頂上，堪布就開始念蓮花生大師心咒，就在此時，突然刮起了旋風，風勢非常強勁。我們只得停下來避風，大夥都用衣服蒙住頭。過了一會兒，風倒是停了，可等我們睜眼一看，堪布也不在牛背上了。大家四下打探，只聽得一片不大清楚的念誦蓮師心咒的聲音從空中飄來，順著聲音望去，只見堪布正向天空深處飛升而去。現場的所有士兵都看到了，當大家正處混亂、惶惑之時，堪布已是越飛越高。……

與這個已經離世的士兵所見基本相同的還有榮洛、才讓吉兩人。榮洛是同德縣巴曲鄉的一位牧民，才讓吉跟他是一個鄉的。這兩人現在都已去世，他們曾把自己的親眼所見講述給一個叫秋江木的人，此人現在還活著。二人所見均爲上師越飛越高，才讓吉還補充說，當時一下子湧現很多彩色的雲朵，雲裡面還有圓圈狀的彩虹。

除了這些近距離目擊者，或遠距離目擊者，或雖未親睹，卻也親聞過目擊者講述的人提供的種種說法外，最後再附上對幾位提供材料者的採訪紀錄。相信隨著調查的深入、資料的越加豐富，對才旺仁增堪布肉身飛走一事的一切疑雲，最終亦可以逐漸被事實的陽光廓清、驅散。

沃澤是當地一位牧民，今年七十歲，他當年曾參加過嘎瓊鄉針對才旺仁增堪布的紙畫鬥爭會。他記憶中的情形是這樣的：

地甘寺附近搭了一個大帳篷，上面要求嘎瓊鄉的所有百姓都得參加批鬥大會，並且所有人都得參與批鬥才旺仁增。當時集中了數千人，大家首先批鬥另外一個所謂的壞分子，接下來，領導就說等才旺仁增來了後接著批鬥他。結果等了半天，只等來了幾個騎馬的幹部，其中有一個是法院的札科，還有一個叫娘嘎本木，這兩個人我都認識。等他們來了後，領導就宣佈說，才旺仁增已經在路上死掉了。後來的批鬥大會就變成批鬥畫有上師形象的白紙大會，紙上的上師拄著雙拐。他們把畫像擺在帳篷門口讓大家鬥爭，這就是當天的會場實際景觀。

幾天後，人們紛紛議論說堪布是飛走的。領導得知後又通告大家說，活人飛走絕對不可能，今後任何人都不許如此胡說，否則一切的後果完全由當事人自己負責。

當時的嘎瓊鄉鄉黨委第一書記是旺欽，我和他當年也算是至交。記得旺欽曾給我講過，上師確實是飛走的，哪裡會留有屍體。飛走時刮了非常大的風，吹得人睜不開眼睛。等押送的人回過神來，上師早已不見了身影。旺欽的講法和我後來聽到的說法基本相同，以我倆當時的交情，他不可能騙我，完全是出於信任，他才把眞相告訴我。

我本人也堅信才旺仁增堪布沒留下什麼屍身，若有的話，當時有好幾千人在批鬥會場上等著，爲什麼不把屍體拿來批鬥？按當時的慣例，像堪布那樣的所謂的「壞分子」是必須徹底打倒的。即便是人死了，屍體也絕不能放過。如果有屍體，爲何不拿來批鬥呢？

還有一位曾經與才旺仁增堪布同住一間牢房的獄友告訴我說：「我們被關在監獄裡時，他們每天早上都把上師叫出去審訊，一直到很晚才放回來。問上師到底都發生了什麼事，他一點也不向我們透露。後來大家才知道那幫人在用種種方法折磨上師，有時一連三四天都這樣。知道了內情我們也就不敢再多問，上師還是像往常一樣一言不發。有一天早上，上師又被他們叫了出去，不過這一次就再也沒有回來。平常再晚也會回牢房，可那次卻是一去不返。」

我到後來才知道一些情況，我個人覺得當時如果上師確實是被打死的，那他的屍體一定在劫難逃。嘉悟萬德的屍體就一直被鬥到腐爛爲止，這就是那個年頭的普遍狀況。據我所知，上面的一些幹部，還有下面的很多積極分子，都對上師的意見很大，他們對上師的一言一行都非常不滿。如果有屍體，那幫人一定不會放過這個機會。所以我認爲，上師應該是飛走的，絕不會留下一絲一毫的肉身，因爲他和我們大家都非常清楚留有屍體所可能招致的惡果。

◎以邏輯來推論事實

上文所述即是對此次調查、採訪的文字記錄，隨著採訪的進行，隨著文字整理工作的臨近結束，我個人對此事的看法、思路亦日漸清晰起來。坦率地說，原先對圍繞著才旺仁增堪布而來的飛升入天、飛身成就之說，多多少少抱有一些懷疑態度，儘管密法中有各種各樣的飛行修法，但堪布本人是否眞的堪稱爲此種修法的成就者還得另當別論。不過在結束了這次細緻、深入的採訪後，我對堪布的修行功底，及其不共功德與成就已是深信不疑。這種深信來自於「破」、「立」兩方面的邏輯推理。

首先談「破」的一面，這方面又可細分爲三點。

第一，上師若在路上死去，而非飛升入空，則有四條理由足以否定此論點的建立。一，上師飛走的地方離批鬥會場只有三公里遠，路程如此之近，爲何無人見到或聽聞？何況這麼近的距離，爲什麼不把上師的屍體直接拉來批鬥？二，批鬥會場上聚集了數千人，這麼多的群眾在場，實在是一個進行「再教育」或「改造思想」的絕佳機會，爲何輕易就放棄，只以紙畫代替？三，才旺仁增堪布並非一般的札巴，領導、積極分子都認爲他是反動分子的主要代表。原先對他的迫害就很殘酷，爲何此時卻變得這麼「溫柔」，僅僅批鬥紙畫了事？是他們很愛惜一個反動分子的屍體，還是根本就找不到屍體？四，鬥爭屍體是當時的普遍做法，爲何單單要給才旺仁增堪布開恩，破了這個慣例？故綜合考察，若上師是死掉的，則在前後左右眾人的包圍之中，屍體恐怕不會輕易飛走。既然如此，爲何不把屍體拿來批鬥？由此可見，根本就沒有屍體。

第二，不願公開姓名的那位老人，他當年曾親自參加過掩埋上師衣服的行動。如果有屍體，爲何還要掩埋衣物？這是爲了做給誰看？還是爲了掩蓋什麼事實眞相？況且他一再向我強調說絕對沒有屍體，那上師還會是死在路上嗎？

第三，有關才旺仁增堪布的檔案中，清清楚楚地寫著「失蹤」二字，如果他是在路上死的，檔案上爲何不直接寫「死亡」？他的腳本來就有問題，平常都得拄著雙拐才能行走，當天又是被捆在牛背上，還有當兵的在四周看護，他能失蹤到哪裡去？這兩個字本身就表明上師確實是飛入空中。

下面再接著談談有關「立」的方面，這方面的內容可分爲兩點。

第一，有四個當兵的，還有兩個書記都作證說上師飛走了，或根本就沒有上師的屍體。跟從佩爾談過話的李德生，跟袞確仁欽堪布談過話的一個不知名的士兵，跟秋吉旺修講過押送經過的才讓迸，都作證說才旺仁增堪布在他們眼前飛走了；不願透露姓名的掩埋過上師衣物的士兵，還有對沃澤講過事情來龍去脈的鄉黨委書記旺欽，對從佩爾透露過批鬥會細節的鄉黨委副書記王烈成，三人一致的說法都是絕對沒有上師的屍體。

第二又可分爲三個方面。

一，智美親眼見過上師飛走。二，巴曲鄉的榮洛、才讓吉也曾親見上師飛走，這兩人雖已過世，但他們把所見所聞全都告訴了秋江木，此人依然健在，並對上師飛走深信不疑。三，當地的男女老少各個都承認才旺仁增堪布飛走的事實，無有一人對此有過些微懷疑。

綜上所述，我們通過兩方面的論證都可以推出才旺仁增堪布飛升入空的事實。當一件事實擺在你的面前，而且有多人實際親睹、親聞了它的存在；另外還有大量可靠的推理依據也一併擺在你面前，而你又根本無力推翻這些推理時，接受或不接受這一事實的存在就全看你個人當下的選擇。

從小到大，我們接受過各式各樣的理論、思想、思維模式、價值尺度、判斷準繩……，不過就是沒有系統接受過佛教的正面教育。所以大家可能會對飛身成就之類的說法充滿好奇、疑惑、不解，這都沒有關係，重要的是從今以後應學會一條基本的待人、處世、應物乃至對待時空、宇宙、未知眞理與信仰的原則：重要的是運用自己的頭腦，拋開一切無論看上去多麼堅定的公理、定則，換一個角度認眞去看、重新再思。世界很大，而我們的所知其實甚少。在這種情況下，一個智者似乎不應該拒絕佛教思想的滲透。放下別人灌輸給你的佛教印象，在一個因緣聚合的契機引領下，試著打開對佛教禁閉已久的思想天窗，接納一點新鮮而別樣的陽光吧。

至於堪布飛升的理由，以藏傳佛教的觀點來看其實很容易解釋。因藏密認爲，每個人都有三種身體——粗身、細身、極細身。只要能把細身的功能開發出來，人就可以在沒有任何飛行器幫助的情況下自由遨翔於天地之間。特別是在密宗修行者中，能夠任意飛旋的人從古至今都代不乏人。而且密法還認爲，若未能成就虹光身，僅僅只是打開了細身之功能而能上下飛升，這並不是多麼了不得的究竟成就，只能算作一種境界不是很高的共同成就而已。

◎科技愈發達，愈難開發自身能力

百餘年前，萊特兄弟以自己發明的飛機，而圓了人類幾千年來一直魂縈夢繫與天比高的夢想。但近百年的飛行史，卻讓人類越來越清楚地認識到了一個事實：我們越是借助於日益更新的現代飛行器材，就離純粹依靠自身而與天地共遊舞的目標越遠。面對極端精密而複雜的航空、航太設備，人們開發自身本具的細身、極細身功能的欲望將越來越淡漠。當今時代確實是一個高科技的時代，但高度發達的科技反而讓我們愈發地不自在起來。在自己創造出的物質文明面前，我們的自豪感、成就感、自主感全部蕩然無存，大家都在貪欲的慣性驅使下，不自覺地淪爲物欲的奴隸。當我們拜倒在科技的光環中時，有誰還會意識到心性本有的萬德莊嚴呢？

而藏密的修行人則不然，他們專注於發展自己內在的力量，因而當他們自由自在地暢遊藍天白雲時，根本就不需要任何外在的輔助設施，一切都源自自身，因此一切都是那麼得隨心所欲。這方面最典型的例子就是密勒日巴尊者，有興趣的讀者可在他的傳記中讀到這位大成就者精彩絕倫的飛行事例。

眞正的自在絕不需要仰賴外在的任何幫助，這種幫助往往會演變成對自身的一種束縛。而令人振奮的是，佛教認爲人人都有，並皆可開掘出這種能讓自己完全擺脫一切身內、身外束縛的潛能。才旺仁增堪布只是在特殊條件下示現了利用這一潛能的方式，如果全世界六十億人都能按照佛陀的教導次第開發自身本具的細身、極細身功能，則六十億人都可得到自由飛行乃至最終的解脫自在。

人人都渴望擁有幸福的生活、自在的身心、灑脫的情懷、和平的生存環境，而人類自從有文明以來，所有通向幸福人生的探索都揭示出一條普遍眞理：把美滿的人類理想完全建築在身外的物質生產與追求上是根本行不通的。既然如此，那就不要再可憐地甘願充當外物的奴隸，爲何不能把心轉向自己的內心世界呢？

人類沒有任何理由拒絕或壓抑能使自己得到自由的方法與潛能，除非這個世界上的人都心甘情願作別人或物欲的工具。才旺仁增堪布以自身的修證打開了通向自由境界的大門，作爲後來者，是沿著他的足跡向上，或是繼續待在自我蒙蔽的暗室中隨順度日，決定在你，最終的結局也取決於你現在的選擇與努力的方向。

附錄二 《輪迴圖》解說

輪迴圖亦叫生死流轉圖，顧名思義，其所描繪者乃爲眾生流轉輪迴、沈陷生死的景觀。此圖廣泛懸掛或繪製於藏地各大寺廟正殿大門之外側，全圖呈輪形，以象徵往復不已、前無起點、後無終結之輪迴實景。整個畫面的主體結構爲中陰閻羅法王口含六道輪迴之輪，此乃三界六道眾生無法超離輪迴、擺脫中陰境界的絕佳寫照。正如龍猛菩薩所言：「三道生死輪，無初中後轉，猶如旋火輪，彼此互爲因。」而眾生之所以深陷痛苦輪迴深淵，完全是因各自所造之業及煩惱所致。

結合此圖卷來看，大體可將此圖分爲內外四個層次：中心部位繪有雞、蛇、豬三種動物，分別代表眾生的貪、嗔、癡三毒煩惱；中心層周邊分白黑兩色以表善趣惡趣；其外又分爲上二下三共五段，上二代表天界及人道兩類善趣，下三的正中則表徵地獄、其右代表旁生道、其左表示的則是餓鬼道眾生；最外層描繪的是十二緣起，無明、行、識、名色、六入、觸、受、愛、取、有、生、老死這十二緣起支分別被描畫成盲人、瓦匠、猴子、船、空宅、接吻、眼中劍、飲酒、採果、孕婦、臨產、老人和死屍這些形象，在這十二緣起中，無明毫無疑問是輪迴之根。

如果我們想從這可怕、恐怖、無有邊際的輪迴怪圈中徹底解脫出來，唯一的辦法便是獲得佛陀在其所闡揚之聖教中再再宣說的般若空性無我之智，捨此絕無他途。

最後願一切沈溺於生死輪迴苦海中的眾生都能終得圓滿佛果！

善知識系列　JB0039Y

輪迴的故事：在前世今生發現生命流轉的秘密

作者　堪欽慈誠羅珠
譯者　堪欽索達吉
責任編輯　陳芊卉
封面設計　黃健民
業務　顏宏紋
印刷　中原造像股份有限公司

發行人　何飛鵬
事業群總經理　謝至平
總編輯　張嘉芳
出版　橡樹林文化
台北市南港區昆陽街 16 號 4 樓
電話：886-2-2500-0888 #2738　傳眞：886-2-2500-1951
發行　英屬蓋曼群島商家庭傳媒股份有限公司城邦分公司
台北市南港區昆陽街 16 號 8 樓
客服專線：02-25007718；02-25007719
24 小時傳眞專線：02-25001990；02-25001991
服務時間：週一至週五上午 09:30-12:00；下午 13:30-17:00
劃撥帳號：19863813　戶名：書虫股份有限公司
讀者服務信箱：service@readingclub.com.tw
城邦網址：http://www.cite.com.tw
香港發行所　城邦（香港）出版集團有限公司
香港九龍土瓜灣土瓜灣道 86 號順聯工業大廈 6 樓 A 室
電話：852-25086231　傳眞：852-25789337
電子信箱：hkcite@biznetvigator.com
馬新發行所　城邦（馬新）出版集團
Cité（M）Sdn. Bhd.（458372U）
41, Jalan Radin Anum, Bandar Baru Seri Petaling,
57000 Kuala Lumpur, Malaysia.
電話：+6(03)-90563833　傳眞：+6(03)-90576622
電子信箱：services@cite.my

三版一刷　2024 年 11 月
ISBN：978-626-7449-41-7（紙本書）
ISBN：978-626-7449-40-0（EPUB）
定價：350 元

城邦讀書花園
www.cite.com.tw

國家圖書館出版品預行編目（CIP）資料

輪迴的故事：在前世今生發現生命流轉的秘密／堪欽慈誠羅珠著；堪欽索達吉譯. -- 三版. -- 臺北市：橡樹林文化出版：英屬蓋曼群島商家庭傳媒股份有限公司城邦分公司發行，2024.11

面；公分. --（善知識；JB0039Y）

ISBN 978-626-7449-41-7（平裝）

1.CST: 藏傳佛教 2.CST: 輪迴

226.961 113015320